Duden

Übungsheft **Grammatik**

von Maria Geipel
mit Illustrationen von Stefan Leuchtenberg

4. Klasse

Dudenverlag
Berlin

Vorwort

Liebe Kinder, liebe Eltern,

darf ich mich vorstellen? Mein Name ist Konrad und meine Katze heißt Mia. Ich lese und schreibe für mein Leben gern und möchte meine Leidenschaft mit euch teilen.

Ich habe gemerkt, dass man in der Schule viele Dinge lernt, aber manchmal die Zeit fehlt, um das Gelernte zu üben. Ist das bei euch auch so?

Zusammen mit meiner Freundin Frieda und meinem Freund Alex habe ich einen spitzenmäßigen Trainingsplan aufgestellt, der immer nach dem gleichen Prinzip funktioniert – in vier Trainingseinheiten:

Aufwärmen mit Mia
Hier wiederholst du noch einmal, was du eigentlich schon weißt. Es geht darum, deine Grundlagen zum Thema zu festigen.

Taktik mit Konrad
Hier geht es darum, das jeweilige grammatische Thema zu verstehen und die wichtigsten Regeln zu verinnerlichen. Manchmal helfen dir auch Strategien beim Üben.

Ausdauertraining mit Frieda
Hier wird ausführlich zum Thema geübt. Mit jeder gelösten Aufgabe gewinnst du mehr und mehr Sicherheit in deinem Training.

Nachspielzeit mit Alex
Hier bekommen alle, die noch mehr üben möchten, eine Extraportion Aufgaben. Wenn du auch diese Aufgaben lösen kannst, bist du ein echter Profi.

In den **vier Trainingseinheiten** gibt es jede Menge Übungen für dich, die du nach Lust und Laune bearbeiten kannst. Die Schrittfolge ist dabei eigentlich immer gleich:

1. Lies die Aufgabe gründlich und versuche sie zu lösen.
2. Male dem **Smiley** an der Seite ein Gesicht – je nachdem, ob die Übung für dich leicht ☺, mittelschwer 😐 oder schwierig ☹ war. Die Nachspielzeit hat ausnahmsweise keine Smileys, weil es sich dabei um Zusatzaufgaben handelt.
3. Vergleiche deine Ergebnisse mit den **Lösungen im Mittelteil**.

Jede der vier Trainingseinheiten hat ihre eigene **Lernerfolgskarte**, damit du den Überblick behältst. Klebe hierfür die **Sticker** auf die Felder mit der Seitenzahl, sobald du damit fertig bist.

Auf der Rückseite der Karte zur Nachspielzeit findest du im unteren Teil die Stickerfelder für das **Intensivtraining**. Das ist ein zusätzlicher Übungsteil am Ende des Heftes, in dem die wichtigsten Themen wiederholt werden, um dich superfit in die nächste Klassenstufe zu schicken.

Viel Spaß und Erfolg beim Üben!

Dein Konrad

Inhaltsverzeichnis

Nomen

1 Schreibe die Nomen mit unbestimmtem Artikel auf.

 ein Radiergummi ______

 ______

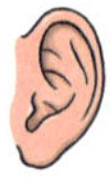 ______

 ______

 ______

 ______

2 Kennzeichne das richtige Kästchen mit einem Smiley.

	Konkretum	Abstraktum
der Staubsauger	☺	
die Aufregung		
der Nebel		
das Gänseblümchen		
die Hoffnung		
die Idee		
die Träne		
der Schauspieler		

Als Konkreta bezeichnen Nomen Dinge, Lebewesen und Pflanzen. Mit Abstrakta werden Gefühle und Gedanken ausgedrückt.

3 **Trage die Nomen mit bestimmtem Artikel ein.**

Hose Wolke Käse Blatt Himmel
Teppich Pferd Welle Schicksal Hase

weiblich	männlich	sächlich
die Hose		

4 **Schreibe die Nomen im Singular und im Plural mit bestimmtem Artikel auf.**

Stadt   die Stadt, die Städte
Witz
Löffel
Tante
Foto
Wald

Nomen haben ein Geschlecht (Genus): weiblich, männlich oder sächlich. Sie treten im Singular (Einzahl) oder im Plural (Mehrzahl) auf.

1 Fülle jede Lücke mit der richtigen Form.

dem Hund des Hundes der Hund den Hund

__________ sitzt in seinem Körbchen.

Das Körbchen __________ steht neben dem Sofa.

Lasse streicht __________ übers Fell.

Amelie ruft __________ nach draußen.

2 Setze die Nomen und Artikel in der richtigen Form ein.

Eines Abends sitzt Mats mit seinen Eltern im Garten. „Die Flammen __________ (das Lagerfeuer) locken jede Menge Mücken an. Mein Bein juckt fürchterlich“, schimpft Mats und zeigt auf __________ (ein Mückenstich). Sein Vater lacht und gibt ihm __________ (ein Tipp): „Vielleicht deckst du lieber das Limonadenglas zu. Mücken folgen __________ (der Duft) von süßen Getränken.“ Als es immer dunkler wird, schwirren Glühwürmchen durch __________ (der Garten). „Jetzt kommen die Mücken schon mit Laternen, um nach uns zu suchen“, sagt Mats und schüttelt mit __________ (der Kopf).

Nomen und Artikel können im Satz unterschiedlich verwendet werden. Diese Formen nennt man Fälle (Kasus). Es gibt vier Fälle: Nominativ (1. Fall), Genitiv (2. Fall), Dativ (3. Fall), Akkusativ (4. Fall).

3 Ergänze das richtige Fragewort.

Kleine Kobolde versteckten im Wald Goldmünzen.

__________ versteckten kleine Kobolde im Wald?

Dieser Schatz soll dem Finder gehören.

__________ soll dieser Schatz gehören?

Ein Teil der Schatzkarte ist abgerissen.

__________ Teil ist abgerissen?

Der Schatz wartet noch immer auf seine Entdeckung.

__________ wartet noch immer auf seine Entdeckung?

4 Frage nach dem markierten Nomen und trage den Fall in das Kästchen ein.

Am liebsten esse ich **Pizza**. [ ]

____

Emilia mag lieber Nudeln. [ ]

____

Den Fall findest du heraus, indem du nach dem Nomen fragst:
Wer oder Was? (Nominativ),
Wessen? (Genitiv), **Wem?** (Dativ),
Wen oder Was? (Akkusativ).

1 **Finde den Weg zum Schatz: Folge den Nomen.**

Notiere die Anzahl der Nomen: ____

2 **Trage die Reimwörter ein.**

Auf einem großen Turm
hüpft ein kleiner
________ .

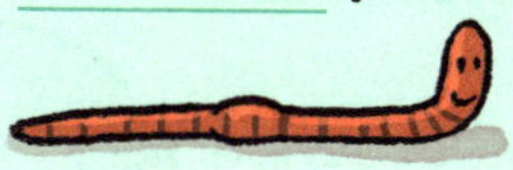

In meinem letzten Traum
tanzte ich
mit einem
________ .

Aus lauter Langeweile
verknotet der Clown drei
________ .

Auf einer grünen
Wiese schläft
ein müder
________ .

3 **Bilde die Pluralformen und trage sie in die Tabelle ein.**

Uhr Gabel Vogel Sofa Kleid
Bett Auto Licht Tochter Bild Frage
Zahl Lampe Kloster Handy

-er	-s	ö	-n	-en
				Uhren

4 **Was fehlt? Schreibe das passende Nomen im Plural auf.**

Für das Kuchenrezept brauchen wir ____________ .

Hannah pustet ____________ für ihre Geburtstagsparty auf.

Ich kaufe ____________ für Omas Gulaschrezept.

Opa holt ____________ für das Vogelhäuschen.

5 **Bestimme das Genus der Nomen. Male sie in der richtigen Farbe aus: männlich, weiblich, sächlich.**

Dienstag Hilfe Gürtel

Reh Höflichkeit

Hotel Fluss

6 **Welche Wortgruppe passt in welche Lücke? Trage ein.**

____________ ist ein gruseliger Ort.

An den Wänden ____________ krabbeln Spinnen.

Ich traue mich nicht in ____________ .

Deshalb muss mein Bruder die Kartoffeln aus ____________ holen.

den Keller

dem Keller

des Kellers

der Keller

7 **Beantworte die Fragen. Bestimme den Fall der gesuchten Wortgruppe.**

Wer oder was liegt neben dem Grill?

Ein Rucksack liegt neben dem Grill. Fall: ____________

Wen oder was essen die Mädchen?

____________________ Fall: ____________

Wem reicht der Junge einen Teller?

____________________ Fall: ____________

Wessen Rock ist gelb?

____________________ Fall: ____________

8 **Bestimme den Fall der unterstrichenen Nomen.**

Familie Menger fährt an den See. Fall: ____________

Alle genießen den Sonnenschein. Fall: ____________

Greta gibt ihrer Schwester ein Eis. Fall: ____________

Nomen

1 **Unterstreiche im Text alle Nomen.
Trage sie mit bestimmtem Artikel in die Tabelle ein.**

WER EIN SCHNECKENRENNEN ANSCHAUEN MÖCHTE, BRAUCHT VIEL GEDULD. WENN DER WETTKAMPF BEGINNT, VERSUCHT JEDE SCHNECKE SO SCHNELL WIE MÖGLICH ZUM ZIEL ZU KOMMEN. DORT WARTET EIN SALATBLATT ALS BELOHNUNG AUF DEN SIEGER. SO EINE VERANSTALTUNG KANN EINEN GANZEN VORMITTAG DAUERN.

männlich	weiblich	sächlich
		das Schneckenrennen

2 **Stehen die unterstrichenen Nomen im Singular oder im Plural? Trage ein: S (Singular) oder P (Plural).**

Die Becher gehören in den Schrank. ☐

Mein Computer ist kaputt. ☐

Igel halten Winterschlaf. ☐

Wir müssen den Reifen wechseln. ☐

3 **Ergänze den bestimmten Artikel und kreuze an.**

	männlich	weiblich	sächlich
____ Tau ist gerissen.			
____ Tau bedeckt die Pflanzen.			
____ Kiefer dient zum Kauen.			
____ Kiefer ist ein Nadelbaum.			

4 **Untersuche die Wörter und markiere farbig:**
hat nur eine Pluralform – hat nur eine Singularform – hat eine Singular- und eine Pluralform.

Eis Paprika Leute Ferien Wolke Urlaub Durst Obst Banane
Kuchen Schlaf Geschwister Gold Fleisch Brot Schnee

5 **Bestimme den Fall der unterstrichenen Nomen.**
Die Buchstaben ergeben ein Lösungswort.

	Nominativ	Genitiv	Dativ	Akkusativ
Schon die Römer kannten <u>Speiseeis</u>.	W	F	K	E
<u>Schnee</u> wurde mit Honig vermischt.	I	A	U	Z
Erfinder des <u>Stieleises</u> war Frank Epperson.	P	S	O	L

Lösungswort: __ __ __

Pronomen

1 Ordne die Personalpronomen zu.

du sie er ihr sie wir ich es

Singular | Plural

2 Ergänze die Sprechblasen mit einem Personalpronomen.

____ haben Törtchen gebacken.

Hilfst ____ mir?

Ja, ____ trage gerne zwei Tüten.

Personalpronomen (persönliche Fürwörter) ersetzen ein Nomen oder geben an, wer spricht, wer angesprochen wird oder über wen/was gesprochen wird.

3 **Welches Personalpronomen passt zu welchen Nomen? Schreibe sie auf die Linien. Notiere weitere Beispiele.**

er: der ______________________________

sie: ______________________________

es: ______________________________

4 **Ersetze die markierten Wörter durch ein passendes Personalpronomen. Schreibe den Satz auf.**

Das Flugzeug fliegt über den Wolken.

______________________________.

Die Wolken sehen wie Zuckerwatte aus.

______________________________.

Die Landebahn kommt immer näher.

______________________________.

Der Pilot setzt zur Landung an.

______________________________.

1 Ergänze das besitzanzeigende Fürwort.

Ich kaufe mir zwei Bücher. Es sind m e i n e Bücher.

Du hast eine Schwester. Es ist ___ ___ ___ ___ ___ Schwester.

Maria hat einen Hund. Es ist ___ ___ ___ Hund.

Er besitzt zwei Fahrräder. Es sind ___ ___ ___ ___ ___ Fahrräder.

Wir besitzen einen Garten. Es ist ___ ___ ___ ___ ___ Garten.

Ihr habt gewonnen. Es ist ___ ___ ___ ___ Gewinn.

Sina und Carl haben zwei Kinder. Es sind ___ ___ ___ ___ Kinder.

2 Welche Pronomen passen zusammen? Male sie in der gleichen Farbe aus.

ich du er wir ihr sie

unser mein euer sein ihr dein

Besitzanzeigende Fürwörter zeigen an, wem etwas gehört. Meist stehen sie als Begleiter vor einem Nomen. Deshalb kann sich ihre Endung verändern.

3 **Ergänze die richtigen hinweisenden Fürwörter.**

__________ Auto ist seit gestern kaputt.

__________ Kekse schmecken am besten.

__________ Polizist hat mir geholfen.

__________ Telefonnummer ist falsch.

__________ Bild hängt schief.

__________ Apfel ist noch nicht reif.

dieses | dieser | dieses | diese | diese | dieser

4 **Was möchten die Kinder kaufen? Setze die Nomen mit den passenden hinweisenden Fürwörtern ein.**

Mir gefällt __________ .

__________ sind am coolsten.

Mit hinweisenden Fürwörtern möchte man auf etwas ganz Bestimmtes zeigen oder verweisen. Oft begleiten sie ein Nomen. Deshalb kann sich ihre Endung verändern.

1 **Würfle für jedes Verb ein Personalpronomen. Trage die Augenzahl ein und schreibe die Wortgruppe richtig auf.**

ich du er wir ihr sie

Verb	Augenzahl	Wortgruppe
hören:		
klatschen:		
springen:		
klopfen:		
antworten:		
knobeln:		

2 **Welches Personalpronomen fehlt? Male das richtige Kästchen aus.**

Sophias Schwester versteht die Hausaufgaben nicht. Sophia hilft	ihr (K)	ihm (S)	sie (A)
„Kennst du die Apotheke in der Marsstraße? Dort warte ich auf ... ."	du (I)	dich (L)	mich (T)
Das Poster gefällt	mir (E)	mich (O)	ich (W)
Emils Eltern suchen neue Fahrräder. Er gibt ... einen Tipp.	ihr (P)	ihn (I)	ihnen (E)

Lösungswort: ___ ___ ___ ___

3 Setze die passenden Personalpronomen ein.

Ben und Florian besuchen eine Halloweenparty. ______ basteln schon seit Wochen an ihren Kostümen. „______ wirst alle richtig erschrecken“, zwinkert Ben seinem Kumpel zu. Florian schüttelt den Kopf: „Nein, ______ werde bestimmt ausgelacht. Meine Oma hat das Kostüm selbst genäht. ______ hat sich viel Mühe gegeben. Deshalb habe ______ mich lieber nicht beschwert.“ Als Mara die Tür öffnet, ruft ______ sofort die anderen Gäste: „______ müsst euch Florians Kostüm anschauen. ______ leuchtet sogar im Dunkeln! ______ machen gleich ein Foto mit dir in der Mitte.“ Florian traut seinen Ohren nicht. ______ gewinnt den Preis für die beste Verkleidung. Schließlich sieht man nicht jeden Tag einen tanzenden Kürbis.

4 Welche Nomen kannst du durch Personalpronomen ersetzen? Streiche sie durch und schreibe die Pronomen darüber.

George de Mestral hat den Klettverschluss erfunden. George de Mestral ging mit seinem Hund spazieren. Im Fell blieben die Früchte einer Klette hängen, denn die Früchte haben kleine Häkchen. Die Häkchen sind ein wichtiger Bestandteil des Klettverschlusses.

5 **Was passt zu einem Koch? Male die passenden Gegenstände aus und vervollständige die Sätze.**

Er setzt *seine* ______________________ auf.

Er blättert in ______________________ .

Er holt ______________________ aus dem Schrank.

Er rührt mit ______________________ die Suppe um.

6 **Was passt zu einem Lehrer? Zeichne drei Gegenstände. Formuliere Sätze mit besitzanzeigenden Fürwörtern.**

1. ______________________

2. ______________________

3. ______________________

7 **Welche Sätze passen zu welchem Tier? Verbinde.**
Ergänze das passende besitzanzeigende Fürwort.

________ Zunge ist gespalten.

________ Mähne muss regelmäßig gestriegelt werden.

Sein Lieblingsessen sind Bananen.

________ Lieblingsbeschäftigung ist Klettern.

Auf ________ Rücken kann man reiten.

________ Haut besteht aus Schuppen.

8 **Vervollständige die Sätze. Nutze hinweisende Fürwörter.**

Diese spielt mit einem Wollknäuel.

________________ schiebt einen Kinderwagen.

____
hat keine Fenster.

1 Markiere alle besitzanzeigenden Fürwörter.

Familie Bork zieht in eine neue Stadt. „Packt bitte eure Spielsachen in eine Kiste!“, rufen die Eltern aus der Küche. „Das ist meine Puppe“, schimpft Luisa, als Moritz sie aus dem Regal nimmt. Er lacht und klopft seiner Schwester auf die Schulter: „Ich will deine Puppe gar nicht haben, aber meine Hilfe kannst du bestimmt gut gebrauchen.“ Sofort setzt sich Luisa auf ihren Sessel und sagt ihrem Bruder, was in welche Kiste gehört. So hat sich Moritz seinen Nachmittag bestimmt nicht vorgestellt.

2 Setze die Personalpronomen richtig ein.

er ich mir uns dich sie ihn wir

Liebes Tagebuch,

heute ist ________ etwas Unglaubliches passiert. ________ habe neben dem Schulhaus einen kleinen Hund gefunden. ________ hat am ganzen Körper gezittert. Ich streichelte ________ und flüsterte: „________ nehme ich mit in die Schule!“ Meine Lehrerin war überrascht, als ________ ein Bellen hörte. Sie meinte, dass jemand den Hund bestimmt schon sehr vermissen würde. Also haben ________ Suchplakate gebastelt. Zum Aufhängen sind wir gar nicht gekommen, denn eine Schülerin aus der anderen Klasse hat den Hund erkannt. Hoffentlich besucht er ________ mal mit seinem Herrchen.

3 Setze für die markierten Namen passende Personalpronomen oder besitzanzeigende Fürwörter ein.

Samantha fliegt morgen nach Griechenland. **Samanthas** Koffer ist schon seit Tagen gepackt. **Samantha** hat sich sogar einen Reiseführer von **Samanthas** Taschengeld gekauft. Die Sprache findet **Samantha** besonders spannend. **Samantha** kann sogar „Guten Tag!“ auf Griechisch sagen. **Samanthas** Eltern freuen sich jedes Mal, wenn sie mit „Kalimera“ begrüßt werden. Samantha weiß schon genau, was **Samantha** als Erstes unternehmen möchte: **Samantha** will im Meer schwimmen. **Samanthas** Vater freut sich am meisten auf die antiken Bauwerke und **Samanthas** Mutter will jeden Tag ein anderes griechisches Gericht ausprobieren. Das wird bestimmt ein toller Familienurlaub.

Samantha fliegt morgen nach Griechenland. ______ Koffer ist schon seit Tagen gepackt. ______ hat sich sogar einen Reiseführer von ______ Taschengeld gekauft. Die Sprache findet ______ besonders spannend. ______ kann sogar „Guten Tag!“ auf Griechisch sagen. ______ Eltern freuen sich jedes Mal, wenn sie mit „Kalimera“ begrüßt werden. Samantha weiß schon genau, was ______ als Erstes unternehmen möchte: ______ will im Meer schwimmen. ______ Vater freut sich am meisten auf die antiken Bauwerke und ______ Mutter will jeden Tag ein anderes griechisches Gericht ausprobieren. Das wird bestimmt ein toller Familienurlaub.

Adjektiv

1 **Finde den Weg zum Raumschiff. Folge den Adjektiven.**

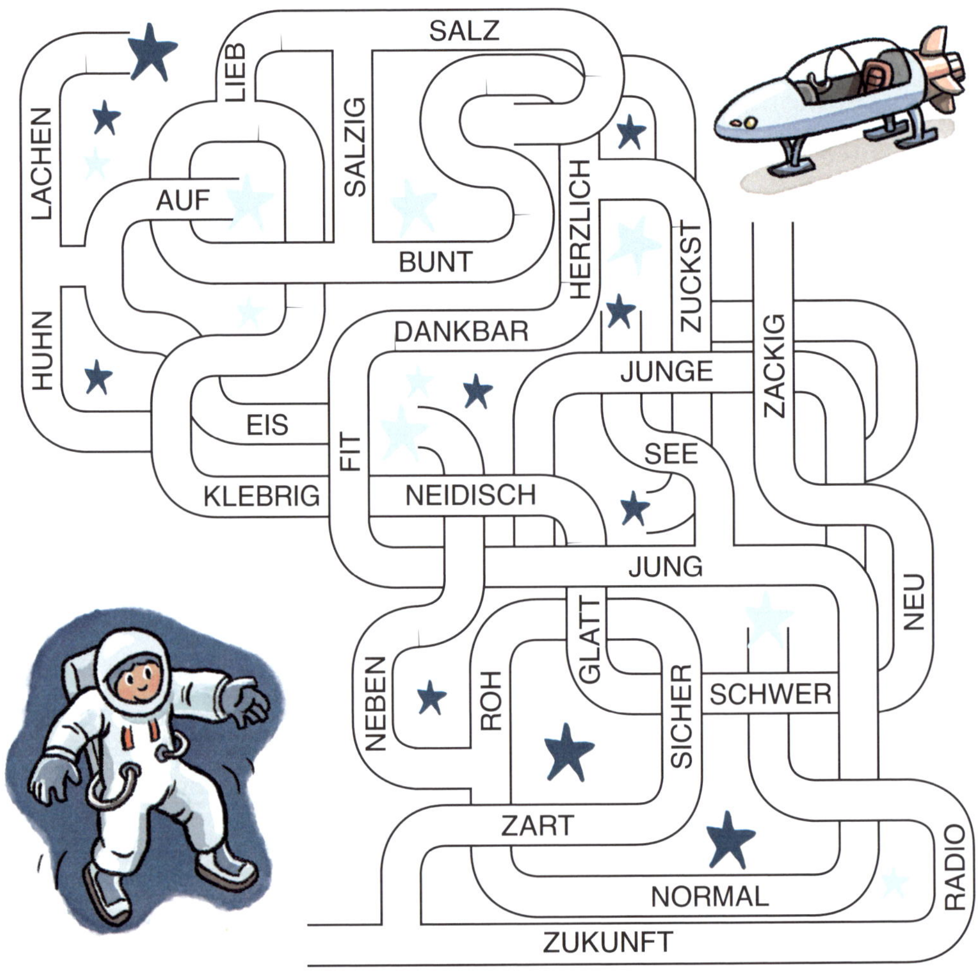

Adjektive können zwischen Artikel und Nomen stehen. Deshalb können sie ihre Form verändern.

2 **Welches Adjektiv passt zum Bild? Schreibe es in der richtigen Form auf.**

sonnig regnerisch schön

das ______________ Wetter

süß sauer grün

die ______________ Zitrone

lockig glatt kurz

die ______________ Haare

schmutzig kaputt sauber

die ______________ Teller

3 **Formuliere so um, dass das Adjektiv vor dem Nomen steht.**

Die Wiese ist bunt. → die ______________ Wiese

Der Schneemann ist groß. → ______________

Das Pferd ist scheu. → ______________

1 Finde ein passendes Adjektiv und steigere es.

__________ __________ am __________

__________ __________ __________

2 Male eine Vergleichsreihe. Schreibe die Adjektive auf.

__________ __________ __________

Die meisten Adjektive können gesteigert werden. Es gibt die Grundstufe, die 1. Vergleichsstufe (Mehrstufe) und die 2. Vergleichsstufe (Meiststufe).

3 **Finde treffende Adjektive und formuliere Vergleiche mit „als“.**

Eis ist ______________ **als** Schokolade.

Ein Konzert ist ______________ ein Kinobesuch.

Kinder sind ______________ Erwachsene.

Deutsch ist ______________ Mathematik.

Turnschuhe sind ______________ Sandalen.

4 **Vergleiche die Dinge miteinander. Schreibe Sätze.**

hart

____

ist so hart **wie** ______________

______________.

schwer

____

____

______________.

lang

____

____

______________.

Adjektiv

1 **Markiere alle acht Adjektive. Setze ein passendes Adjektiv in jede Lücke ein.**

X	Y	M	M	R	M	Q	B	J	K	L	L	P	T
O	M	V	S	L	A	N	G	F	P	Y	U	U	N
Q	W	A	N	V	M	U	W	X	Z	B	Q	O	U
E	A	B	E	N	T	E	U	E	R	L	I	C	H
T	N	D	P	W	Y	C	U	J	J	D	L	W	X
K	J	O	S	O	J	R	C	G	K	A	L	T	O
M	E	R	N	S	T	I	W	I	B	K	A	S	B
T	X	L	V	Q	J	W	B	B	V	Z	T	K	D
H	W	D	F	H	U	N	G	R	I	G	X	R	C
D	H	U	V	U	P	X	Y	N	J	G	I	A	Q
S	V	S	P	A	N	N	E	N	D	Q	O	N	O
V	N	X	L	R	O	P	F	X	F	D	Y	K	P
B	U	N	T	U	Q	Q	N	X	T	H	U	E	E
D	S	B	I	R	K	R	Ä	F	T	I	G	S	Z

ein ______________ Wintertag

eine ______________ Schlittenfahrt

ein ______________ Kind

ein ______________ Film

ein ______________ Bär

ein ______________ Gespräch

eine ______________ Maus

ein ______________ Urlaub

2 Errate die Lösung. Antworte in einem Satz.

Welches Tier ist am schwersten?

Blauwal Elefant Nashorn

____.

Wie heißt der höchste Berg in Deutschland?

Kahlersberg Biberkopf Zugspitze

____.

Welcher Vogel kann am schnellsten fliegen?

Wanderfalke Steinadler Möwe

____.

Welches Geräusch ist am lautesten?

Autohupe Polizeisirene Rasenmäher

____.

3 Welches Adjektiv passt zu welchem Satz?
Formuliere Vergleiche mit wie.

stur rot

flink leicht

Das Paket ist ______________ eine Feder.

Eric ist ______________ ein Wiesel.

Hannah ist ______________ ein Esel.

Diese Rose ist ______________ Blut.

4 Schreibe in die Lücken passende Farbadjektive. Male dann das Bild aus.

Das Mädchen hat __________ Haare und __________ Augen. Es trägt ein __________ Kappe und ein __________ Oberteil. Ihr Rock ist __________ und ihre Socken sind __________. Die Schuhe glänzen __________. Der Papagei hat __________ Federn und einen __________ Schnabel. Die Flügel sind __________ und der Schwanz ist __________. Mit seinen __________ Füßen sitzt er auf einer __________ Stange. Das Mädchen füttert den Papagei mit __________ Früchten.

5 Setze die Adjektive in der richtigen Form ein.

Morgen wird es endlich __________ (kalt) als in den letzten Wochen. Franz und Elias warten schon ungeduldig auf die ersten Schneeflocken. Sie wollen einen __________ (groß) Schneemann bauen und eine __________ (wild) Schneeballschlacht austragen. „Wir müssen aber auch rodeln gehen. Hinter dem Gartenhaus ist der __________ (steil) Hügel in der ganzen Stadt.“ „Du bist doch eh viel __________ (langsam) als ich“, lacht Elias. Franz zwinkert ihm zu: „Ich bin mindestens genauso __________ (mutig) wie du. Ich werde dieses Mal am __________ (schnell) sein.“

6 Finde die Gegenteile. Trage sie ins Rätsel ein.

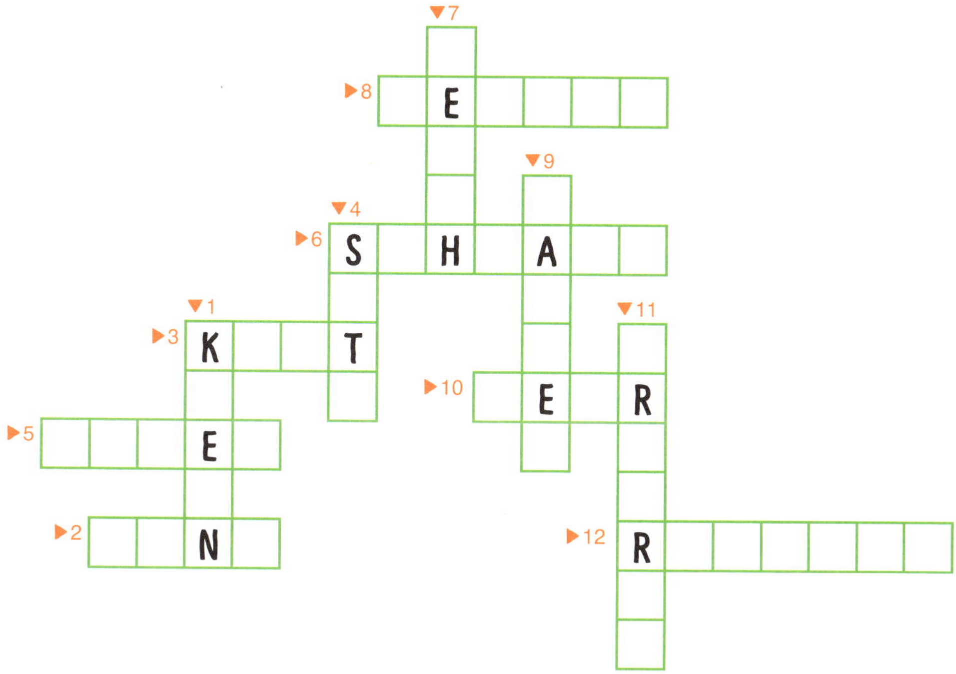

▼	Hinweis 1:	groß	▼	Hinweis 7:	hart
▶	Hinweis 2:	alt	▶	Hinweis 8:	krank
▶	Hinweis 3:	warm	▼	Hinweis 9:	dreckig
▼	Hinweis 4:	hungrig	▶	Hinweis 10:	voll
▶	Hinweis 5:	billig	▼	Hinweis 11:	fröhlich
▶	Hinweis 6:	stark	▶	Hinweis 12:	falsch

Schreibe ein weiteres Gegensatzpaar auf.

1 **Gestalte die Wortgruppentreppe. Erfinde für jede Zeile ein neues Adjektiv.**

der	Frosch					
der	lustige	Frosch				
der	lustige	grüne	Frosch			
der	lustige	grüne		Frosch		
der	lustige	grüne			Frosch	
der	lustige	grüne				Frosch

die	Burg					
die		Burg				
die			Burg			
die				Burg		
die					Burg	
die						Burg

2 **Tausche die Adjektive und schreibe sinnvolle Wortgruppen auf. Markiere alle Adjektive, die nicht gesteigert werden können.**

die lauwarme Fliege

der viereckige Film

die schriftliche Familie

die langweilige Kiste

die glückliche Einladung

die tote Suppe

3 **Fülle die Tabelle aus.**

Grundstufe	1. Vergleichsstufe	2. Vergleichsstufe
wenig		
	wilder	
gut		
	mehr	
		am dümmsten
nahe		
		am teuersten
	höher	

Verb

1 Notiere das gesuchte Verb in der Grundform. Markiere den Wortstamm.

sich nach Musik bewegen: __ __ __ __ __ __

warme Gerichte zubereiten: __ __ __ __ __ __

im Schlaf etwas erleben: __ __ __ __ __ __ __

Tränen vergießen: __ __ __ __ __ __

2 Bilde die richtigen Personalformen. Verbinde.

du hust	e	ich schwimm	t
ihr hust	est	er/sie/es schwimm	st
wir hust	et	wir schwimm	e
ich hust	en	du schwimm	en

3 Setze die Verbformen im Präsens ein. Unterscheide zwischen Wortstamm und Endung.

Ich	spiel		Fußball.	spielen
Er			die Blumen.	gießen
Du			die Haare.	kämmen
Wir			Schokoladeneis.	essen

4 Wie lauten die Verbformen? Löse das Rätsel.

lügen, Präsens: er ___ ___ ___ ___

laufen, Präteritum: er ___ ___ ___ ___

werfen, Präsens: ihr ___ ___ ___ ___ ___

schlafen, Präteritum: du ___ ___ ___ ___ ___ ___ ___ ___ ___

turnen, Präteritum: ich ___ ___ ___ ___ ___ ___

putzen, Präteritum: wir ___ ___ ___ ___ ___ ___ ___

nennen, Präsens: ich ___ ___ ___ ___ ___

bringen, Präteritum: ihr ___ ___ ___ ___ ___ ___ ___ ___

wissen, Präteritum: du ___ ___ ___ ___ ___ ___ ___ ___

Lösungswort: es ___ ___ ___ ___ ___ ___ ___ ___ ___

Das Präsens (Gegenwartsform) beschreibt, dass etwas gerade geschieht oder immer gültig ist. Das Präteritum (1. Vergangenheitsform) drückt aus, dass etwas schon passiert ist. Einige Verben ändern ihren Wortstamm im Präteritum (unregelmäßige Verben).

1 **Welche Zeitstufe zeigen die Sätze? Ordne die Nummern richtig zu.**

(1) Nun hören Sie die aktuellen Nachrichten. (2) Gestern löschte die Feuerwehr erfolgreich einen Scheunenbrand. (3) Die Aufräumarbeiten werden aber noch Tage dauern. (4) Im Moment gibt es rund um das Stadion Stau. (5) Am Abend wird dort das Pokalfinale stattfinden. (6) Werfen wir nun einen Blick auf das Wetter. (7) In der vergangenen Nacht hat es heftig gewittert. (8) Auch jetzt stehen noch Keller unter Wasser. (9) Ab morgen Nachmittag wird sich die Sonne aber wieder zeigen.

Vergangenheit	Gegenwart	Zukunft
______	1, ______	______

2 **Welcher Satz ist richtig? Kreuze an und schreibe die Zeitstufe auf.**

vor wenigen Minuten

- ☐ Ich schaltete das Radio aus.
- ☐ Ich werde das Radio ausschalten.
- ☐ Ich schalte das Radio aus.

Zeitstufe: ______

übermorgen

- ☐ Die Rose blühte.
- ☐ Die Rose blüht.
- ☐ Die Rose wird blühen.

Zeitstufe: ______

Es gibt verschiedene Zeitstufen: Vergangenheit, Gegenwart und Zukunft. Du kannst sie an bestimmten Wörtern (z. B. gestern, heute, morgen) und am Verb ablesen.

3 **Vervollständige die Lücken sinnvoll.**

gestern heute morgen

Das Pferd hat ________________ einen Apfel gegessen.

nun später vor drei Minuten

Die Gabeln lagen ________________ auf dem Tisch.

letzte Woche nachher vorhin

Wir werden ________________ den Koffer packen.

vorgestern letzte Nacht jetzt

Ich gehe ________________ ins Bett.

4 **Wie lauten die Perfektformen?**
Unterstreiche das richtige Hilfsverb.

Am Wochenende **haben/sind** wir einen Ausflug in den Freizeitpark unternommen. Ich **habe/bin** Achterbahn gefahren, aber meine Eltern **haben/sind** sich nicht getraut. Bis zum Ende der Fahrt **habe/bin** ich laut geschrien. Noch wackelig auf den Beinen **habe/bin** ich meine Eltern gefragt: „**Habt/Seid** ihr mich gesehen? Mein Herz **hat/ist** vor Aufregung ganz schnell gepocht.“ Meine Eltern **haben/sind** mich erleichtert umarmt und **haben/sind** mit mir zur Geisterbahn gelaufen. Dort **haben/sind** wir uns gemeinsam gegruselt.

5 Bilde die Verbformen im Perfekt.

er verliert: er hat verloren

ich bade: ______

wir landen: ______

ihr rennt: ______

du bäckst: ______

sie singen: ______

es beißt: ______

ich bleibe: ______

6 Schreibe Sätze im Perfekt.

vorgestern – ich – gewinnen – den Hauptpreis

Vorgestern habe ich ______.

meine Schwester – platzen – vor Neid

______

sie – bekommen – kurz darauf – einen Trostpreis

______

Beim Sprechen nutzen wir meist das Perfekt (2. Vergangenheitsform), um Vergangenes zu beschreiben. Es besteht aus zwei Teilen: dem Verb und dem Hilfsverb **haben** oder **sein**.

7 Unterstreiche alle Verbformen im Futur.

In den Sommerferien werden wir an die Ostsee fahren. Dort werden wir eine Woche bleiben. Hoffentlich wird die Sonne scheinen. Dann werden wir jeden Tag im Meer baden. Vielleicht werde ich wieder Quallen und andere Meerestiere sehen. Bestimmt werden wir auch Fahrräder ausleihen. So haben wir im letzten Jahr die Nordseeküste erkundet. Vielleicht werden wir auch eine Bootstour unternehmen.

8 Setze die Verbformen im Futur an der passenden Stelle ein.

fahren **schaukeln** **beobachten** **ankommen** **wehen** **fliegen**

Morgen werden wir mit der Fähre nach Schweden fahren. Auf der Fahrt ________ uns der Wind um die Ohren ________. Vielleicht ________ Möwen über uns ________. Ich ________ die ganze Zeit die Wellen ________. Die Fähre ________ bestimmt ein wenig ________. Nach sieben Stunden ________ wir im Hafen ________.

Mit dem Futur (Zukunftsform) drückt man aus, was passieren wird. Es besteht aus zwei Teilen: dem Verb in der Grundform und dem Hilfsverb **werden**.

1 Welche Grundform gehört zu welcher Personalform? Verbinde.

fangen biegen dachten bilden darfst bog denken bildest fängst dürfen fliehen floh

2 Trage jedes Verb in die richtige Schublade ein.

finden loben klingeln nehmen kennen nähen

scheinen kratzen frieren schneien klettern

brennen schütteln schneiden fluchen waschen

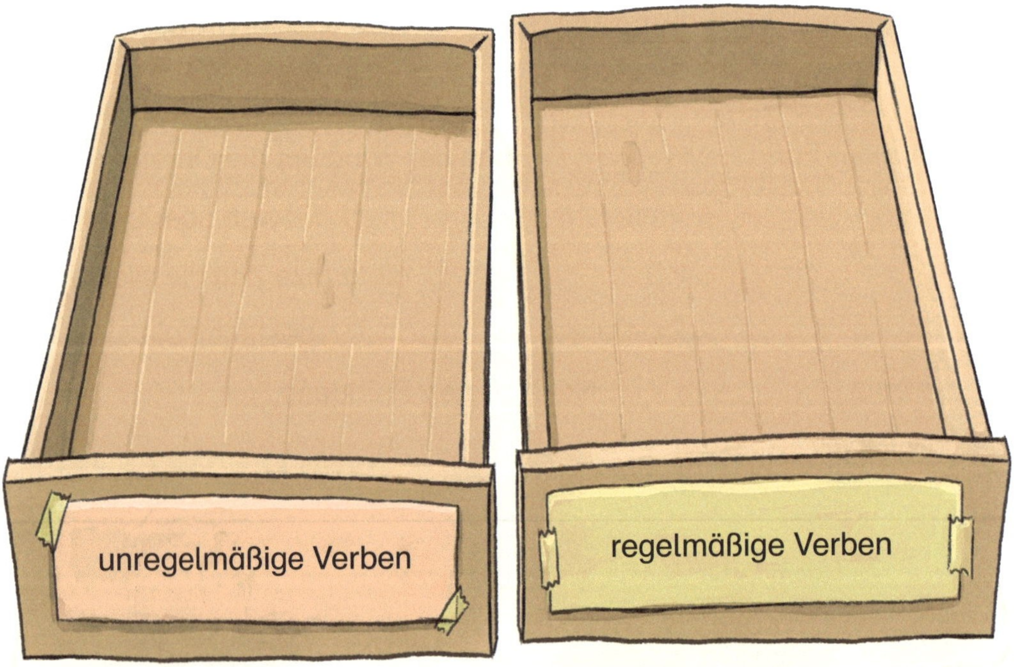

3 **Vervollständige Oles Tagesablauf. Setze die Verbformen im Präteritum ein.**

Mein heutiger Vormittag

6.00 Uhr: Mein Wecker ______________ laut.

6.15 Uhr: Ich ______________ mich aus dem Bett.

6.30 Uhr: Ich ______________ in der Küche.

6.45 Uhr: Ich ______________ ins Bad.

7.05 Uhr: Ich ______________ in den Schulbus.

7.45 Uhr: Der Kunstunterricht ______________.

klingeln beginnen quälen steigen frühstücken gehen

4 **Wie wird dein Tag morgen aussehen? Schreibe drei Sätze im Futur.**

Mein morgiger Tag

________ Uhr: Ich werde ______________________ .

________ Uhr: ______________________ .

________ Uhr: ______________________ .

5 Finn liest einen Zeitungsartikel über einen Kinderzirkus. Unterstreiche alle Verbformen im Präteritum.

Nachrichten

Der Kinderzirkus „Lucana" zeigte gestern zum ersten Mal eine Vorstellung. Innerhalb einer Woche erarbeiteten die Schüler der Grundschule ein buntes Programm. Das Zirkuszelt platzte aus allen Nähten. Am Ende applaudierten alle Gäste laut und forderten eine Zugabe.

6 Finn erzählt seinen Eltern vom Kinderzirkus. Nutze das Perfekt.

Der Kinderzirkus „Lucana" hat gestern

Nomen

1 Schreibe die Nomen mit unbestimmtem Artikel auf.

ein Radiergummi	ein Affe
eine Schere	ein Geschenk
ein Ohr	eine Badewanne

2 Kennzeichne das richtige Kästchen mit einem Smiley.

	Konkretum	Abstraktum
der Staubsauger		
die Aufregung		☺
der Nebel	☺	
das Gänseblümchen	☺	
die Hoffnung		☺
die Idee		☺
die Träne	☺	
der Schauspieler	☺	

Als Konkreta bezeichnen Nomen Dinge, Lebewesen und Pflanzen. Mit Abstrakta werden Gefühle und Gedanken ausgedrückt.

3 Trage die Nomen mit bestimmtem Artikel ein.

Hose Wolke Käse Blatt Himmel
Teppich Pferd Welle Schicksal Hase

weiblich	männlich	sächlich
die Hose	der Käse	das Blatt
die Wolke	der Himmel	das Pferd
die Welle	der Teppich	das Schicksal
	der Hase	

4 Schreibe die Nomen im Singular und im Plural mit bestimmtem Artikel auf.

tdatS
ztiW der Witz, die Witze
leffüL der Löffel, die Löffel
etnaT die Tante, die Tanten
otoF das Foto, die Fotos
dlaW der Wald, die Wälder

Nomen haben ein Geschlecht (Genus): weiblich, männlich oder sächlich. Sie treten im Singular (Einzahl) oder im Plural (Mehrzahl) auf.

1 Fülle jede Lücke mit der richtigen Form.

dem Hund der Hund

Der Hund sitzt in seinem Körbchen.
Das Körbchen des Hundes steht neben dem Sofa.
Lasse streicht dem Hund übers Fell.
Amelie ruft den Hund nach draußen.

2 Setze die Nomen und Artikel in der richtigen Form ein.

Eines Abends sitzt Mats mit seinen Eltern im Garten. „Die Flammen des Lagerfeuers (das Lagerfeuer) locken jede Menge Mücken an. Mein Bein juckt fürchterlich", schimpft Mats und zeigt auf einen Mückenstich (ein Mückenstich). Sein Vater lacht und gibt ihm einen Tipp (ein Tipp): „Vielleicht deckst du lieber das Limonadenglas zu. Mücken folgen dem Duft (der Duft) von süßen Getränken." Als es immer dunkler wird, schwirren Glühwürmchen durch den Garten (der Garten). „Jetzt kommen die Mücken schon mit Laternen, um nach uns zu suchen", sagt Mats und schüttelt mit dem Kopf (der Kopf).

Nomen und Artikel können im Satz unterschiedlich verwendet werden. Diese Formen nennt man Fälle (Kasus). Es gibt vier Fälle: Nominativ (1. Fall), Genitiv (2. Fall), Dativ (3. Fall), Akkusativ (4. Fall).

3 Ergänze das richtige Fragewort.

Kleine Kobolde versteckten im Wald Goldmünzen.
Wen oder was versteckten kleine Kobolde im Wald?
Dieser Schatz soll dem Finder gehören.
Wem soll dieser Schatz gehören?
Ein Teil der Schatzkarte ist abgerissen.
Wessen Teil ist abgerissen?
Der Schatz wartet noch immer auf seine Entdeckung.
Wer oder was wartet noch immer auf seine Entdeckung?

4 Frage nach dem markierten Nomen und trage den Fall in das Kästchen ein.

Am liebsten esse ich Pizza. | Akkusativ |
Wen oder was esse ich am liebsten?
Emilia mag lieber Nudeln. | Nominativ |
Wer oder was mag lieber Nudeln?

Den Fall findest du heraus, indem du nach dem Nomen fragst: **Wer oder Was?** (Nominativ), **Wessen?** (Genitiv), **Wem?** (Dativ), **Wen oder Was?** (Akkusativ).

1 Finde den Weg zum Schatz: Folge den Nomen.

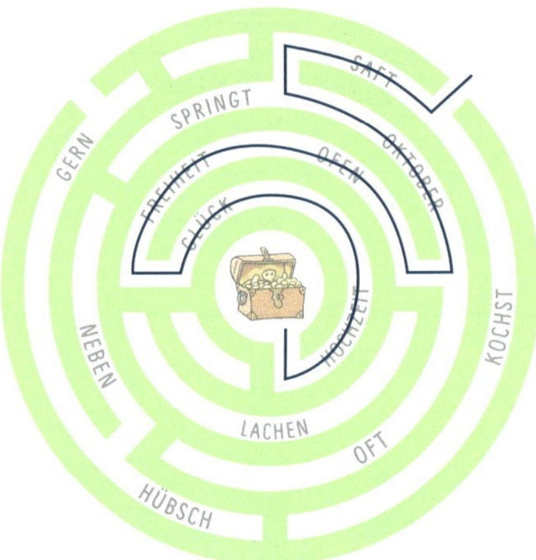

Notiere die Anzahl der Nomen: 6

2 Trage die Reimwörter ein.

Auf einem großen Turm hüpft ein kleiner Wurm.

In meinem letzten Traum tanzte ich mit einem Baum.

Aus lauter Langeweile verknotet der Clown drei Seile.

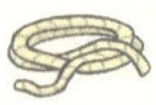

Auf einer grünen Wiese schläft ein müder Riese.

3 Bilde die Pluralformen und trage sie in die Tabelle ein.

Uhr Gabel Vogel Sofa Kleid
Bett Auto Licht Tochter Bild Frage
Zahl Lampe Kloster Handy

-er	-s	ö	-n	-en
Kleider	Sofas	Vögel	Gabeln	Uhren
Lichter	Autos	Töchter	Fragen	Betten
Bilder	Handys	Klöster	Lampen	Zahlen

4 Was fehlt? Schreibe das passende Nomen im Plural auf.

Für das Kuchenrezept brauchen wir Eier.

Hannah pustet Ballons für ihre Geburtstagsparty auf.

Ich kaufe Tomaten für Omas Gulaschrezept.

Opa holt Nägel für das Vogelhäuschen.

5 Bestimme das Genus der Nomen. Male sie in der richtigen Farbe aus: männlich, weiblich, sachlich.

Dienstag Hilfe Gürtel
Reh
Hotel Fluss Höflichkeit

6 Welche Wortgruppe passt in welche Lücke? Trage ein.

Der Keller ist ein gruseliger Ort.

An den Wänden des Kellers krabbeln Spinnen.

Ich traue mich nicht in den Keller.

Deshalb muss mein Bruder die Kartoffeln aus dem Keller holen.

den Keller
dem Keller
des Kellers
der Keller

7 Beantworte die Fragen. Bestimme den Fall der gesuchten Wortgruppe.

Wer oder was liegt neben dem Grill?
Ein Rucksack liegt neben dem Grill. Fall: Nominativ

Wen oder was essen die Mädchen?
Die Mädchen essen Würstchen. Fall: Akkusativ

Wem reicht der Junge einen Teller?
Der Junge reicht dem Vater einen Teller. Fall: Dativ

Wessen Rock ist gelb?
Der Rock der Frau ist gelb. Fall: Genitiv

8 Bestimme den Fall der unterstrichenen Nomen.

Familie Menger fährt an den See. Fall: Nominativ

Alle genießen den Sonnenschein. Fall: Akkusativ

Greta gibt ihrer Schwester ein Eis. Fall: Dativ

1 Unterstreiche im Text alle Nomen.
Trage sie mit bestimmtem Artikel in die Tabelle ein.

WER EIN SCHNECKENRENNEN ANSCHAUEN MÖCHTE, BRAUCHT VIEL GEDULD. WENN DER WETTKAMPF BEGINNT, VERSUCHT JEDE SCHNECKE SO SCHNELL WIE MÖGLICH ZUM ZIEL ZU KOMMEN. DORT WARTET EIN SALATBLATT ALS BELOHNUNG AUF DEN SIEGER. SO EINE VERANSTALTUNG KANN EINEN GANZEN VORMITTAG DAUERN.

männlich	weiblich	sächlich
der Wettkampf	die Geduld	das Schneckenrennen
der Sieger	die Schnecke	das Ziel
der Vormittag	die Belohnung	das Salatblatt
	die Veranstaltung	

2 Stehen die unterstrichenen Nomen im Singular oder im Plural? Trage ein: S (Singular) oder P (Plural).

Die Becher gehören in den Schrank.	P
Mein Computer ist kaputt.	S
Igel halten Winterschlaf.	P
Wir müssen den Reifen wechseln.	S

3 Ergänze den bestimmten Artikel und kreuze an.

	männlich	weiblich	sächlich
Das Tau ist gerissen.			X
Der Tau bedeckt die Pflanzen.	X		
Der Kiefer dient zum Kauen.	X		
Die Kiefer ist ein Nadelbaum.		X	

4 Untersuche die Wörter und markiere farbig:
hat nur eine Pluralform – hat nur eine Singularform – hat eine Singular- und eine Pluralform.

Eis Paprika Leute Ferien Wolke Urlaub Durst Obst Banane
Kuchen Schlaf Geschwister Gold Fleisch Brot Schnee

5 Bestimme den Fall der unterstrichenen Nomen.
Die Buchstaben ergeben ein Lösungswort.

	Nominativ	Genitiv	Dativ	Akkusativ
Schon die Römer kannten Speiseeis.	W	F	K	E
Schnee wurde mit Honig vermischt.	I	A	U	Z
Erfinder des Stieleises war Frank Epperson.	P	S	O	L

Lösungswort: E I S

Pronomen

1 Ordne die Personalpronomen zu.

Singular: du, ich, sie, er, es
Plural: wir, ihr, sie

2 Ergänze die Sprechblasen mit einem Personalpronomen.

Wir haben Törtchen gebacken.

Hilfst du mir?

Ja, ich trage gerne zwei Tüten.

Personalpronomen (persönliche Fürwörter) ersetzen ein Nomen oder geben an, wer spricht, wer angesprochen wird oder über wen/was gesprochen wird.

3 Welches Personalpronomen passt zu welchen Nomen? Schreibe sie auf die Linien. Notiere weitere Beispiele.

er: der Topf, der Frosch
sie: die Sonne, die Glocke
es: das Pferd, das Eis

4 Ersetze die markierten Wörter durch ein passendes Personalpronomen. Schreibe den Satz auf.

Das Flugzeug fliegt über den Wolken.
Es fliegt über den Wolken.

Die Wolken sehen wie Zuckerwatte aus.
Sie sehen wie Zuckerwatte aus.

Die Landebahn kommt immer näher.
Sie kommt immer näher.

Der Pilot setzt zur Landung an.
Er setzt zur Landung an.

1 Ergänze das besitzanzeigende Fürwort.

Ich kaufe mir zwei Bücher.	Es sind m e i n e Bücher.
Du hast eine Schwester.	Es ist s e i n e Schwester.
Maria hat einen Hund.	Es ist i h r Hund.
Er besitzt zwei Fahrräder.	Es sind s e i n e Fahrräder.
Wir besitzen einen Garten.	Es ist u n s e r Garten.
Ihr habt gewonnen.	Es ist e u e r Gewinn.
Sina und Carl haben zwei Kinder.	Es sind i h r e Kinder.

2 Welche Pronomen passen zusammen? Male sie in der gleichen Farbe aus.

ich du er wir ihr sie

unser mein euer sein ihr dein

Besitzanzeigende Fürwörter zeigen an, wem etwas gehört. Meist stehen sie als Begleiter vor einem Nomen. Deshalb kann sich ihre Endung verändern.

3 Ergänze die richtigen hinweisenden Fürwörter.

Dieses Auto ist seit gestern kaputt.

Diese Kekse schmecken am besten.

Dieser Polizist hat mir geholfen.

Diese Telefonnummer ist falsch.

Dieses Bild hängt schief.

Dieser Apfel ist noch nicht reif.

dieses dieser dieses diese diese dieser

4 Was möchten die Kinder kaufen? Setze die Nomen mit den passenden hinweisenden Fürwörtern ein.

Mir gefällt dieses Kleid. Diese Schuhe sind am coolsten.

Mit hinweisenden Fürwörtern möchte man auf etwas ganz Bestimmtes zeigen oder verweisen. Oft begleiten sie ein Nomen. Deshalb kann sich ihre Endung verändern.

1 Würfle für jedes Verb ein Personalpronomen. Trage die Augenzahl ein und schreibe die Wortgruppe richtig auf.

ich du er wir ihr sie

hören:	⚀	ich höre
klatschen:	⚁	du klatschst
springen:	⚂	er springt
klopfen:	⚃	wir klopfen
antworten:	⚄	ihr antwortet
knobeln:	⚅	sie knobeln

(mögliche Lösung)

2 Welches Personalpronomen fehlt? Male das richtige Kästchen aus.

Sophias Schwester versteht die Hausaufgaben nicht. Sophia hilft … .	**ihr (K)**	ihm (S)	sie (A)
„Kennst du die Apotheke in der Marsstraße? Dort warte ich auf … ."	du (I)	**dich (L)**	mich (T)
Das Poster gefällt … .	**mir (E)**	mich (O)	ich (W)
Emils Eltern suchen neue Fahrräder. Er gibt … einen Tipp.	ihr (P)	ihn (U)	**ihnen (E)**

Lösungswort: K L E E

3 Setze die passenden Personalpronomen ein.

Ben und Florian besuchen eine Halloweenparty. Sie basteln schon seit Wochen an ihren Kostümen. „Du wirst alle richtig erschrecken", zwinkert Ben seinem Kumpel zu. Florian schüttelt den Kopf: „Nein, ich werde bestimmt ausgelacht. Meine Oma hat das Kostüm selbst genäht. Sie hat sich viel Mühe gegeben. Deshalb habe ich mich lieber nicht beschwert." Als Mara die Tür öffnet, ruft sie sofort die anderen Gäste: „Ihr müsst euch Florians Kostüm anschauen. Er leuchtet sogar im Dunkeln! Wir machen gleich ein Foto mit dir in der Mitte." Florian traut seinen Ohren nicht. Er gewinnt den Preis für die beste Verkleidung. Schließlich sieht man nicht jeden Tag einen tanzenden Kürbis.

4 Welche Nomen kannst du durch Personalpronomen ersetzen? Streiche sie durch und schreibe die Pronomen darüber.

George de Mestral hat den Klettverschluss erfunden. ~~George de Mestral~~ Er ging mit seinem Hund spazieren. Im Fell blieben die Früchte einer Klette hängen, denn ~~die Früchte~~ sie haben kleine Häkchen. ~~Die Häkchen~~ Sie sind ein wichtiger Bestandteil des Klettverschlusses.

5 Was passt zu einem Koch? Male die passenden Gegenstände aus und vervollständige die Sätze.

Er setzt seine Mütze auf.

Er blättert in seinem Kochbuch.

Er holt seinen Topf aus dem Schrank.

Er rührt mit seinem Löffel die Suppe um.

6 Was passt zu einem Lehrer? Zeichne drei Gegenstände. Formuliere Sätze mit besitzanzeigenden Fürwörtern.

1. Er legt sein Buch auf den Tisch.
2. Er holt seinen Rotstift aus der Tasche.
3. Er rückt seine Brille zurecht.

(mögliche Lösung)

7 Welche Sätze passen zu welchem Tier? Verbinde. Ergänze das passende besitzanzeigende Fürwort.

Ihre Zunge ist gespalten.

Seine Mähne muss regelmäßig gestriegelt werden.

Sein Lieblingsessen sind Bananen.

Seine Lieblingsbeschäftigung ist Klettern.

Auf seinem Rücken kann man reiten.

Ihre Haut besteht aus Schuppen.

8 Vervollständige die Sätze. Nutze hinweisende Fürwörter.

Diese Katze spielt mit einem Wollknäuel.

Dieser Mann schiebt einen Kinderwagen.

Dieses Haus hat keine Fenster.

1 Markiere alle besitzanzeigenden Fürwörter.

Familie Bork zieht in eine neue Stadt. „Packt bitte **eure** Spielsachen in eine Kiste!", rufen die Eltern aus der Küche. „Das ist **meine** Puppe", schimpft Luisa, als Moritz sie aus dem Regal nimmt. Er lacht und klopft **seiner** Schwester auf die Schulter: „Ich will **deine** Puppe gar nicht haben, aber **meine** Hilfe kannst du bestimmt gut gebrauchen." Sofort setzt sich Luisa auf **ihren** Sessel und sagt **ihrem** Bruder, was in welche Kiste gehört. So hat sich Moritz **seinen** Nachmittag bestimmt nicht vorgestellt.

2 Setze die Personalpronomen richtig ein.

er ich mir uns dich sie ihn wir

Liebes Tagebuch,

heute ist mir etwas Unglaubliches passiert. Ich habe neben dem Schulhaus einen kleinen Hund gefunden. Er hat am ganzen Körper gezittert. Ich streichelte ihn und flüsterte: „Dich nehme ich mit in die Schule!" Meine Lehrerin war überrascht, als sie ein Bellen hörte. Sie meinte, dass jemand den Hund bestimmt schon sehr vermissen würde. Also haben wir Suchplakate gebastelt. Zum Aufhängen sind wir gar nicht gekommen, denn eine Schülerin aus der anderen Klasse hat den Hund erkannt. Hoffentlich besucht er uns mal mit seinem Herrchen.

3 Setze für die markierten Namen passende Personalpronomen oder besitzanzeigende Fürwörter ein.

Samantha fliegt morgen nach Griechenland. Samanthas Koffer ist schon seit Tagen gepackt. Samantha hat sich sogar einen Reiseführer von Samanthas Taschengeld gekauft. Die Sprache findet Samantha besonders spannend. Samantha kann sogar „Guten Tag!" auf Griechisch sagen. Samanthas Eltern freuen sich jedes Mal, wenn sie mit „Kalimera" begrüßt werden. Samantha weiß schon genau, was Samantha als Erstes unternehmen möchte: Samantha will im Meer schwimmen. Samanthas Vater freut sich am meisten auf die antiken Bauwerke und Samanthas Mutter will jeden Tag ein anderes griechisches Gericht ausprobieren. Das wird bestimmt ein toller Familienurlaub.

Samantha fliegt morgen nach Griechenland. Ihr Koffer ist schon seit Tagen gepackt. Sie hat sich sogar einen Reiseführer von ihrem Taschengeld gekauft. Die Sprache findet sie besonders spannend. Sie kann sogar „Guten Tag!" auf Griechisch sagen. Ihre Eltern freuen sich jedes Mal, wenn sie mit „Kalimera" begrüßt werden. Samantha weiß schon genau, was sie als Erstes unternehmen möchte: Sie will im Meer schwimmen. Ihr Vater freut sich am meisten auf die antiken Bauwerke und ihre Mutter will jeden Tag ein anderes griechisches Gericht ausprobieren. Das wird bestimmt ein toller Familienurlaub.

Adjektiv

1 Finde den Weg zum Raumschiff. Folge den Adjektiven.

Adjektive können zwischen Artikel und Nomen stehen. Deshalb können sie ihre Form verändern.

2 Welches Adjektiv passt zum Bild? Schreibe es in der richtigen Form auf.

sonnig regnerisch schön

das regnerische Wetter

süß sauer grün

die saure Zitrone

lockig glatt kurz

die lockigen Haare

schmutzig kaputt sauber

die schmutzigen Teller

3 Formuliere so um, dass das Adjektiv vor dem Nomen steht.

Die Wiese ist bunt. → die bunte Wiese

Der Schneemann ist groß. → der große Schneemann

Das Pferd ist scheu. → das scheue Pferd

1 Finde ein passendes Adjektiv und steigere es.

hoch | höher | am höchsten

groß | größer | am größten

2 Male eine Vergleichsreihe. Schreibe die Adjektive auf.

(individuelle Lösung)

Die meisten Adjektive können gesteigert werden. Es gibt die Grundstufe, die 1. Vergleichsstufe (Mehrstufe) und die 2. Vergleichsstufe (Meiststufe).

3 Finde treffende Adjektive und formuliere Vergleiche mit „als".

Eis ist erfrischender als Schokolade.

Ein Konzert ist lauter als ein Kinobesuch.

Kinder sind neugieriger als Erwachsene.

Deutsch ist spannender als Mathematik.

Turnschuhe sind bequemer als Sandalen.

(mögliche Lösung)

4 Vergleiche die Dinge miteinander. Schreibe Sätze.

hart

Die Kokosnuss ist so hart wie der Stein

schwer

Der Bär ist schwerer als das Schwein

lang

Der Wurm ist länger als der Nagel.

1 **Markiere alle acht Adjektive. Setze ein passendes Adjektiv in jede Lücke ein.**

X	Y	M	M	R	M	Q	B	J	K	L	L	P	T
O	M	V	S	L	A	N	G	F	P	Y	U	U	N
Q	W	A	N	V	M	U	W	X	Z	B	Q	O	U
E	A	B	E	N	T	E	U	E	R	L	I	C	H
T	N	D	P	W	Y	C	U	J	J	D	L	W	X
K	J	O	S	O	J	R	C	G	K	A	L	T	O
M	E	R	N	S	T	I	W	I	B	K	A	S	B
T	X	L	V	Q	J	W	B	B	V	Z	T	K	D
H	W	D	F	H	U	N	G	R	I	G	X	R	C
D	H	U	V	U	P	X	Y	N	J	G	I	A	Q
S	V	S	P	A	N	N	E	N	D	Q	O	N	O
V	N	X	L	R	O	P	F	X	F	D	Y	K	P
B	U	N	T	U	Q	Q	N	X	T	H	U	E	E
D	S	B	I	R	K	R	Ä	F	T	I	G	S	Z

ein *kalter* Wintertag

eine *abenteuerliche* Schlittenfahrt

ein *krankes* Kind

ein *spannender* Film

ein *kräftiger* Bär

ein *ernstes* Gespräch

eine *hungrige* Maus

ein *langer* Urlaub

(mögliche Lösung)

2 **Errate die Lösung. Antworte in einem Satz.**

Welches Tier ist am schwersten?

Blauwal   Elefant   Nashorn

Der Blauwal ist am schwersten.

Wie heißt der höchste Berg in Deutschland?

Kahlersberg   Biberkopf   Zugspitze

Der höchste Berg in Deutschland heißt Zugspitze.

Welcher Vogel kann am schnellsten fliegen?

Wanderfalke   Steinadler   Möwe

Der Wanderfalke kann am schnellsten fliegen.

Welches Geräusch ist am lautesten?

Autohupe   Polizeisirene   Rasenmäher

Die Polizeisirene ist am lautesten.

3 **Welches Adjektiv passt zu welchem Satz? Formuliere Vergleiche mit wie.**

stur   rot   flink   leicht

Das Paket ist *leicht wie* eine Feder.

Eric ist *flink wie* ein Wiesel.

Hannah ist *stur wie* ein Esel.

Diese Rose ist *rot wie* Blut.

4 **Schreibe in die Lücken passende Farbadjektive. Male dann das Bild aus.**

Das Mädchen hat *braune* Haare und *blaue* Augen. Es trägt ein *rosa* Kappe und ein *gelbes* Oberteil. Ihr Rock ist *blau* und ihre Socken sind *rot*. Die Schuhe glänzen *schwarz*. Der Papagei hat *grüne* Federn und einen *gelben* Schnabel. Die Flügel sind *lila* und der Schwanz ist *orange*. Mit seinen *schwarzen* Füßen sitzt er auf einer *goldenen* Stange. Das Mädchen füttert den Papagei mit *roten* Früchten.

(mögliche Lösung)

5 **Setze die Adjektive in der richtigen Form ein.**

Morgen wird es endlich *kälter* (kalt) als in den letzten Wochen. Franz und Elias warten schon ungeduldig auf die ersten Schneeflocken. Sie wollen einen *großen* (groß) Schneemann bauen und eine *wilde* (wild) Schneeballschlacht austragen. „Wir müssen aber auch rodeln gehen. Hinter dem Gartenhaus ist der *steilste* (steil) Hügel in der ganzen Stadt." „Du bist doch eh viel *langsamer* (langsam) als ich", lacht Elias. Franz zwinkert ihm zu: „Ich bin mindestens genauso *mutig* (mutig) wie du. Ich werde dieses Mal am *schnellsten* (schnell) sein."

6 **Finde die Gegenteile. Trage sie ins Rätsel ein.**

▼ Hinweis 1: groß	▼ Hinweis 7: hart
▶ Hinweis 2: alt	▶ Hinweis 8: krank
▶ Hinweis 3: warm	▼ Hinweis 9: dreckig
▼ Hinweis 4: hungrig	▶ Hinweis 10: voll
▶ Hinweis 5: billig	▼ Hinweis 11: fröhlich
▶ Hinweis 6: stark	▶ Hinweis 12: falsch

Schreibe ein weiteres Gegensatzpaar auf.

schön – hässlich, hell – dunkel, lieb – böse

(mögliche Lösung)

1 Gestalte die Wortgruppentreppe. Erfinde für jede Zeile ein neues Adjektiv.

der	Frosch					
der	lustige	Frosch				
der	lustige	grüne	Frosch			
der	lustige	grüne	kleine	Frosch		
der	lustige	grüne	kleine	starke	Frosch	
der	lustige	grüne	kleine	starke	schnelle	Frosch

die	Burg					
die	gruselige	Burg				
die	gruselige	große	Burg			
die	gruselige	große	graue	Burg		
die	gruselige	große	graue	alte	Burg	
die	gruselige	große	graue	alte	dreckige	Burg

2 Tausche die Adjektive und schreibe sinnvolle Wortgruppen auf. Markiere alle Adjektive, die nicht gesteigert werden können.

die lauwarme Fliege — der viereckige Film

die schriftliche Familie — die langweilige Kiste

die glückliche Einladung — die tote Suppe

die lauwarme Suppe, die tote Fliege, die viereckige Kiste, der langweilige Film, die glückliche Familie, die schriftliche Einladung

(mögliche Lösung)

3 Fülle die Tabelle aus.

Grundstufe	1. Vergleichsstufe	2. Vergleichsstufe
wenig	weniger	am wenigsten
wild	wilder	am wildesten
gut	besser	am besten
viel	mehr	am meisten
dumm	dümmer	am dümmsten
nahe	näher	am nächsten
teuer	teurer	am teuersten
hoch	höher	am höchsten

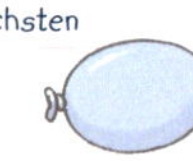

Verb

1 Notiere das gesuchte Verb in der Grundform. Markiere den Wortstamm.

sich nach Musik bewegen: t a n z e n

warme Gerichte zubereiten: k o c h e n

im Schlaf etwas erleben: t r ä u m e n

Tränen vergießen: w e i n e n

2 Bilde die richtigen Personalformen. Verbinde.

du hust	e	ich schwimm	t
ihr hust	est	er/sie/es schwimm	st
wir hust	et	wir schwimm	e
ich hust	en	du schwimm	en

3 Setze die Verbformen im Präsens ein. Unterscheide zwischen Wortstamm und Endung.

Ich spiel e Fußball. — spielen

Er gieß t die Blumen. — gießen

Du kämm st die Haare. — kämmen

Wir ess en Schokoladeneis. — essen

4 Wie lauten die Verbformen? Löse das Rätsel.

lügen, Präsens: er l ü g t

laufen, Präteritum: er l i e f

werfen, Präsens: ihr w e r f t

schlafen, Präteritum: du s c h l i e f s t

turnen, Präteritum: ich t u r n t e

putzen, Präteritum: wir p u t z t e n

nennen, Präsens: ich n e n n e

bringen, Präteritum: ihr b r a c h t e t

wissen, Präteritum: du w u s s t e s t

Lösungswort: es g e w i t t e r t

Das Präsens (Gegenwartsform) beschreibt, dass etwas gerade geschieht oder immer gültig ist. Das Präteritum (1. Vergangenheitsform) drückt aus, dass etwas schon passiert ist. Einige Verben ändern ihren Wortstamm im Präteritum (unregelmäßige Verben).

1 **Welche Zeitstufe zeigen die Sätze? Ordne die Nummern richtig zu.**

(1) Nun hören Sie die aktuellen Nachrichten. (2) Gestern löschte die Feuerwehr erfolgreich einen Scheunenbrand. (3) Die Aufräumarbeiten werden aber noch Tage dauern. (4) Im Moment gibt es rund um das Stadion Stau. (5) Am Abend wird dort das Pokalfinale stattfinden. (6) Werfen wir nun einen Blick auf das Wetter. (7) In der vergangenen Nacht hat es heftig gewittert. (8) Auch jetzt stehen noch Keller unter Wasser. (9) Ab morgen Nachmittag wird sich die Sonne aber wieder zeigen.

Vergangenheit	Gegenwart	Zukunft
2, 7	4, 6, 8	3, 5, 9

2 **Welcher Satz ist richtig? Kreuze an und schreibe die Zeitstufe auf.**

vor wenigen Minuten
- [x] Ich schaltete das Radio aus.
- [ ] Ich werde das Radio ausschalten.
- [ ] Ich schalte das Radio aus.

Zeitstufe: Vergangenheit

übermorgen
- [ ] Die Rose blühte.
- [ ] Die Rose blüht.
- [x] Die Rose wird blühen.

Zeitstufe: Zukunft

Es gibt verschiedene Zeitstufen: Vergangenheit, Gegenwart und Zukunft. Du kannst sie an bestimmten Wörtern (z. B. gestern, heute, morgen) und am Verb ablesen.

3 **Vervollständige die Lücken sinnvoll.**

gestern heute morgen

Das Pferd hat gestern einen Apfel gegessen.

nun später vor drei Minuten

Die Gabeln lagen vor drei Minuten auf dem Tisch.

letzte Woche nachher vorhin

Wir werden nachher den Koffer packen.

vorgestern letzte Nacht jetzt

Ich gehe jetzt ins Bett.

4 **Wie lauten die Perfektformen? Unterstreiche das richtige Hilfsverb.**

Am Wochenende **haben/sind** wir einen Ausflug in den Freizeitpark unternommen. Ich **habe/<u>bin</u>** Achterbahn gefahren, aber meine Eltern **<u>haben</u>/sind** sich nicht getraut. Bis zum Ende der Fahrt **<u>habe</u>/bin** ich laut geschrien. Noch wackelig auf den Beinen **<u>habe</u>/bin** ich meine Eltern gefragt: „**<u>Habt</u>/Seid** ihr mich gesehen? Mein Herz **<u>hat</u>/ist** vor Aufregung ganz schnell gepocht." Meine Eltern **<u>haben</u>/sind** mich erleichtert umarmt und **haben/<u>sind</u>** mit mir zur Geisterbahn gelaufen. Dort **<u>haben</u>/sind** wir uns gemeinsam gegruselt.

5 **Bilde die Verbformen im Perfekt.**

er verliert: er hat verloren
ich bade: ich habe gebadet
wir landen: wir sind gelandet
ihr rennt: ihr seid gerannt
du bäckst: du hast gebacken
sie singen: sie haben gesungen
es beißt: es hat gebissen
ich bleibe: ich bin geblieben

6 **Schreibe Sätze im Perfekt.**

vorgestern – ich – gewinnen – den Hauptpreis

Vorgestern habe ich den Hauptpreis gewonnen

meine Schwester – platzen – vor Neid

Meine Schwester ist vor Neid geplatzt.

sie – bekommen – kurz darauf – einen Trostpreis

Sie hat kurz darauf einen Trostpreis bekommen.

Beim Sprechen nutzen wir meist das Perfekt (2. Vergangenheitsform), um Vergangenes zu beschreiben. Es besteht aus zwei Teilen: dem Verb und dem Hilfsverb **haben** oder **sein**.

7 **Unterstreiche alle Verbformen im Futur.**

In den Sommerferien werden wir an die Ostsee fahren. Dort <u>werden</u> wir eine Woche <u>bleiben</u>. Hoffentlich <u>wird</u> die Sonne <u>scheinen</u>. Dann <u>werden</u> wir jeden Tag im Meer <u>baden</u>. Vielleicht <u>werde</u> ich wieder Quallen und andere Meerestiere <u>sehen</u>. Bestimmt <u>werden</u> wir auch Fahrräder <u>ausleihen</u>. So haben wir im letzten Jahr die Nordseeküste erkundet. Vielleicht <u>werden</u> wir auch eine Bootstour <u>unternehmen</u>.

8 **Setze die Verbformen im Futur an der passenden Stelle ein.**

fahren schaukeln beobachten ankommen wehen fliegen

Morgen werden wir mit der Fähre nach Schweden fahren. Auf der Fahrt wird uns der Wind um die Ohren wehen. Vielleicht werden Möwen über uns fliegen. Ich werde die ganze Zeit die Wellen beobachten. Die Fähre wird bestimmt ein wenig schaukeln. Nach sieben Stunden werden wir im Hafen ankommen.

Mit dem Futur (Zukunftsform) drückt man aus, was passieren wird. Es besteht aus zwei Teilen: dem Verb in der Grundform und dem Hilfsverb **werden**.

1 Welche Grundform gehört zu welcher Personalform? Verbinde.

fangen biegen dachten bilden
bog durftest denken
bildest fängst dürfen
floh fliehen

2 Trage jedes Verb in die richtige Schublade ein.

finden loben klingeln nehmen kennen nähen
scheinen kratzen frieren schneien klettern
brennen schütteln schneiden fluchen waschen

3 Vervollständige Oles Tagesablauf. Setze die Verbformen im Präteritum ein.

Mein heutiger Vormittag

6.00 Uhr: Mein Wecker klingelte laut.
6.15 Uhr: Ich quälte mich aus dem Bett.
6.30 Uhr: Ich frühstückte in der Küche.

6.45 Uhr: Ich ging ins Bad.
7.05 Uhr: Ich stieg in den Schulbus.
7.45 Uhr: Der Kunstunterricht begann.

klingeln beginnen quälen frühstücken steigen gehen

4 Wie wird dein Tag morgen aussehen? Schreibe drei Sätze im Futur.

Mein morgiger Tag

7.00 Uhr: Ich werde aufstehen.
13.30 Uhr: Ich werde zum Klavierunterricht gehen.
18.00 Uhr: Ich werde ins Kino gehen.

(mögliche Lösung)

5 Finn liest einen Zeitungsartikel über einen Kinderzirkus. Unterstreiche alle Verbformen im Präteritum.

Nachrichten

Der Kinderzirkus „Lucana" zeigte gestern zum ersten Mal eine Vorstellung. Innerhalb einer Woche erarbeiteten die Schüler der Grundschule ein buntes Programm. Das Zirkuszelt platzte aus allen Nähten. Am Ende applaudierten alle Gäste laut und forderten eine Zugabe.

6 Finn erzählt seinen Eltern vom Kinderzirkus. Nutze das Perfekt.

Der Kinderzirkus „Lucana" hat gestern zum ersten Mal eine Vorstellung gezeigt. Innerhalb einer Woche haben die Schüler der Grundschule ein buntes Programm erarbeitet. Das Zirkuszelt ist aus allen Nähten geplatzt. Am Ende haben alle Gäste laut applaudiert und eine Zugabe gefordert.

7 Vervollständige die Tabelle.

Grundform	Perfekt	Präteritum	Präsens	Futur
gewinnen	er hat gewonnen	er gewann	er gewinnt	er wird gewinnen
schleichen	ich bin geschlichen	ich schlich	ich schleiche	ich werde schleichen
klingeln	wir haben geklingelt	wir klingelten	wir klingeln	wir werden klingeln

8 Male die Kästchen richtig aus: Vergangenheit rot, Gegenwart gelb und Zukunft grün.

ich sprang | er winkt | du wirst siegen
wir werden segeln | sie haben gezeichnet
sie ist hingefallen | ihr rennt | es stürmte

9 Welche Zeitform passt zu welchem Satz? Verbinde.

Wir flogen mit einem Hubschrauber. — Perfekt
Wir werden mit einem Hubschrauber fliegen. — Präsens
Wir sind mit einem Hubschrauber geflogen. — Futur
Wir fliegen mit einem Hubschrauber. — Präteritum

1 Vervollständige die Postkarte. Setze die Verben in die richtige Zeitform.

Liebe Großeltern,
ich **sende** euch viele liebe Urlaubsgrüße aus dem Allgäu (senden). Heute **regnet** es den ganzen Tag (regnen), aber gestern **haben** wir bei Sonnenschein die Stadt Kempten **erkundet** (erkunden). Dort **habe** ich das weltbeste Eis **gegessen** (essen). Morgen **werden** wir mit der Seilbahn auf einen Berg **fahren** (fahren). Ich **vermisse** euch (vermissen) und **freue** mich (freuen), euch bald wiederzusehen.
Eure Luisa

Familie
Peter Seefeld
Klabauterstraße 15
99999 Meerstadt

2 Vervollständige die Tabelle zu sein.

	er	sie	du
Präsens	er ist	**sie sind**	**du bist**
Präteritum	**er war**	sie waren	**du warst**
Perfekt	er ist gewesen	**sie sind gewesen**	**du bist gewesen**
Futur	**er wird sein**	**sie werden sein**	du wirst sein

3 Schreibe die Verbformen der Fantasiewörter richtig auf.

Die Fee lielskt im Zauberwald. (Präsens, lielsken)
Der Affe **wird** im Urwald **schrupsen**. (Futur, schrupsen)
Du **krulmst** auf der Rodelbahn. (Präsens, krulmen)
Ihr **werdet** in den Ferien **praggsen**. (Futur, praggsen)

Überlege dir selbst zwei Verben, die es nicht gibt. Formuliere einen Satz im Präsens und einen im Futur.
Der Geist frallt im Regen. (Präsens, **frallen**)
Die Blume wird morgen chrupsen (Futur, **chrupsen**)
(mögliche Lösung)

4 Antworte auf die Fragen. Achte auf die Zeitform.

Was wirst du am Wochenende unternehmen?
Ich werde am Wochenende Fahrrad fahren.
Was hast du gestern zu Mittag gegessen?
Ich habe gestern Lasagne gegessen.
Welches Unterrichtsfach magst du am liebsten?
Ich mag am liebsten Kunst.
Welches Buch hast du zuletzt gelesen?
Ich habe zuletzt „Emil und die Detektive" gelesen.
(mögliche Lösung)

Wortbildung

1 Welche drei Wörter haben denselben Wortstamm? Verbinde sie und markiere den Wortstamm.

Wohnung	(du) malst	wohnlich
nachsprechen	bewohnen	ausruhen
Ruhe	Versprechung	Maler
anmalen	(ich) suche	unaussprechlich
Besuch	ruhig	Untersuchung

Wohnung – bewohnen – wohnlich; nachsprechen – Versprechung – unaussprechlich; Ruhe – ruhig – ausruhen; anmalen – (du) malst – Maler; Besuch – (ich) suche – Untersuchung

2 Wie sind die Wörter aufgebaut? Zeichne die Symbole über die Wortbausteine.

◁ Vorbaustein ▭ Wortstamm ▷ Nachbaustein

Frech|heit (▭ ▷)
Ent|fern|ung (◁ ▭ ▷)
Tapfer|keit (▭ ▷)
un|geduld|ig (◁ ▭ ▷)

Vor und nach dem Wortstamm kann ein weiterer Wortbaustein stehen: Vorbaustein (Vorsilbe) und Nachbaustein (Nachsilbe). Wörter, die so gebildet werden, heißen Ableitungen.

3 Bilde zusammengesetzte Nomen. Markiere das Bestimmungswort.

 +  = **Stuhlbein**
 +  = **Apfelbaum**
 +  = **Eisbär**

4 Markiere das Grundwort und erkläre das zusammengesetzte Adjektiv.

kreidebleich: so bleich wie Kreide
spiegelglatt: **so glatt wie ein Spiegel**
messerscharf: **so scharf wie ein Messer**
mausgrau: **so grau wie eine Maus**
kugelrund: **so rund wie eine Kugel**
staubtrocken: **so trocken wie Staub**

Du kannst aus zwei Wörtern ein neues Wort zusammensetzen. Das Bestimmungswort steht vorn und beschreibt das Grundwort näher.

1 Aus welchen Wörtern setzt sich das Nomen zusammen? Schreibe sie mit bestimmtem Artikel auf.

der Fensterrahmen — das Fenster, der Rahmen

das Polizeiauto — die Polizei, das Auto

die Autoscheibe — das Auto, die Scheibe

das Brotmesser — das Brot, das Messer

2 Was versteckt sich in den zusammengesetzten Adjektiven? Male aus: Nomen + Adjektiv, Verb + Adjektiv, Adjektiv + Adjektiv.

kuschelweich, zuckersüß, steinalt, feuerrot, bärenstark, herzensgut, hellwach, waschecht, dunkelrot, bettelarm

Das Grundwort bestimmt die Wortart und das Genus (Geschlecht). Manchmal werden in der Mitte Buchstaben hinzugefügt oder weggelassen.

3 Durch welchen Nachbaustein wird das Adjektiv zum Nomen? Male die Felder passend an und schreibe die Nomen richtig auf.

die Krankheit, der Reichtum, die Klugheit, die Heiterkeit, die Möglichkeit, die Zuverlässigkeit, die Finsternis, die Frechheit, die Fröhlichkeit, die Schönheit, die Traurigkeit, die Wildnis, die Ehrlichkeit

Beim Bilden neuer Wörter kann sich die Wortart ändern.

1 Trenne die Wörter mit Strichen ab. Ordne sie nach ihrem Wortstamm und schreibe sie richtig auf.

nehm
einnehmen, mitnehmen, angenehm, vornehm, benehmen

nahm
Aufnahme, Teilnahme, Ausnahme, Festnahme

2 Welche Verben stimmen nicht? Streiche sie durch und schreibe sie mit dem richtigen Vorbaustein auf.

Wenn du den Zauberwald ~~zersuchst~~, musst du einige Regeln
besuchst

~~überachten~~: ~~Entlasse~~ niemals den Weg. ~~Entstöre~~ keine
beachten Verlasse Zerstöre

magischen Pflanzen. ~~Umtraue~~ keinem Kobold. Wenn du einer
Vertraue

Hexe etwas ~~bezählst~~, solltest du ihr nicht zu viel von dir ~~wegraten~~.
erzählst verraten

Hat sie dich erst ~~zerhext~~, kannst du ihr nicht mehr ~~verkommen~~.
verhext entkommen

3 Welcher Vorbaustein passt zu allen Verben? Schreibe ihn in die Blütenmitte. Finde ein weiteres Beispiel.

an- zu- ver-

4 Welcher Beruf ist gesucht? Schreibe ihn auf und markiere den Nachbaustein.

Ich backe Brötchen und Brot. Ich bin ein Bäcker

Ich verkaufe Autos. Ich bin ein Verkäufer

Ich fahre einen Bus. Ich bin ein Busfahrer

Ich trage Briefe aus. Ich bin ein Briefträger

Welchen Nachbaustein haben alle Berufe gemeinsam? -er

5 Bilde mit dem Wortstamm ein passendes Nomen.

trag Meine Eltern unterschreiben einen Vertrag.
fühl In der Geisterbahn hatte ich ein komisches Gefühl.
fehl Das Herrchen gibt seinem Hund einen Befehl.

6 Schreibe den bestimmten Artikel vor das zusammengesetzte Nomen.

die Gartentür der Türschlüssel
die Schlüsselblume der Blumenduft
der Duftstoff die Stoffhose
die Hosentasche das Taschengeld
der Geldkoffer der Kofferraum

Setze die Reihe fort: Finde noch zwei zusammengesetzte Nomen.

(mögliche Lösung)

7 Welcher Buchstabe gehört nicht in die Mitte? Streiche ihn durch.

Hundekörbchen Segel~~n~~boot Zitronensaft
Warte~~n~~zimmer Rosenkohl
Fahr~~e~~nbahn Renn~~e~~nauto Bienenhonig

8 Welche zusammengesetzten Nomen brauchen ein -s- und welche ein -es- in der Mitte? Verbinde.

Geburt		Blitz
Advent	s	Kalender
Geist		Tag
Tag	es	Rand
Weg		Brief
Liebe		Zeit

9 Vervollständige die Zutatenliste für einen Zaubertrank. Nutze das Wortmaterial für zusammengesetzte Nomen.

Schlange Blut Gift Schleim Schlamm
Geier Spinne Haar Kürbis Frosch
Schnecke Ohr Feder Ratte Zahn
Popel Haut Spinat Wurst Brühe

3 Fingernägel
100 Gramm Schlammspinat
1 Kilo Spinnenpopel
2 Liter Schneckenschleim
4 Geierfedern
2 Flaschen Schlangengift
3 Gramm Spinnenblut
eine Packung Froschohren
200 Gramm Kürbiswurst
eine Packung Rattenhaare

(mögliche Lösung)

1 Bilde zusammengesetzte Nomen aus je drei Wörtern. Schreibe sie mit bestimmtem Artikel auf.

Fuß	Ticket	Trainer
Haus	Ball	Schlüssel
Zug	Tür	Preis
Zahn	Bett	Stuhl
Winter	Arzt	Decke

der Haustürschlüssel, der Zugticketpreis, der Zahnarztstuhl, die Winterbettdecke

2 Wie stellst du dir die zusammengesetzten Nomen vor? Unterstreiche das Grundwort und erkläre.

Bärenhose: eine Hose für Bären
Büchervase: eine Vase für Bücher
Blumenbrille: eine Brille für Blumen
Apfeltür: eine Tür in einem Apfel
Nudelstuhl: ein Stuhl aus Nudeln

Denke dir selbst zwei lustige zusammengesetzte Nomen aus und erkläre ihre Bedeutung.

Schokoladenfenster: ein Fenster aus Schokolade
Nashornkissen: ein Kissen für Nashörner
(mögliche Lösung)

3 Wie könnten die Sätze anschaulicher werden? Finde für die markierten Wörter zusammengesetzte Adjektive.

Im Zoo haben wir einen weißen Polarfuchs gesehen.

schneeweißen

Weil Tim schlecht geschlafen hat, ist er müde.

hundemüde

Mein neues Fahrrad ist grün.

grasgrün

Im Winterurlaub war es kalt.

bitterkalt

4 Ergänze die fehlenden Wörter und markiere den Wortstamm.

Nomen	Adjektiv	Gegenteil
Freund	freundlich	unfreundlich
Glück	glücklich	unglücklich
Sport	sportlich	unsportlich
Geduld	geduldig	ungeduldig
Vernunft	vernünftig	unvernünftig
Gefahr	gefährlich	ungefährlich

Die Bausteine eines Satzes

1 Was ist das Prädikat im Satz? Male das Kästchen aus.

Der Zauberer	**betritt**	die Bühne.		
Zeigt	er	heute	einen neuen Trick?	
Plötzlich	**schwebt**	er	über dem Boden.	
Ob	er	mir	den Trick	**verrät?**

2 Stelle den Satz vier Mal um.

Klara	fährt	morgen	mit Theo	nach München.
Morgen	fährt	Klara	mit Theo	nach München.
Nach München	fährt	Klara	morgen	mit Theo.
Mit Theo	fährt	Klara	morgen	nach München.
Klara	fährt	mit Theo	morgen	nach München.

Das Prädikat zeigt an, was geschieht. Die Satzglieder ergänzen das Prädikat. Ein Satzglied besteht aus einem Wort oder einer Wortgruppe. Du kannst es im Satz verschieben.

3 Wie viele Satzglieder gibt es außer dem Prädikat? Trenne sie mit Strichen voneinander ab und verbinde den Satz mit der richtigen Zahl.

Auf dem Meeresgrund | leben | viele verschiedene Tiere. — 3

Forscher | finden | bei ihren Tauchgängen | neue Arten. — 2

Er | fotografiert | die Tintenfische | sofort | mit seiner Kamera. — 1

Sie | flüchten. — 4

4 Frage nach dem Subjekt. Kreise es ein.

An der Ostsee können (Urlauber) den Meeresboden beobachten.

Frage: Wer oder was kann an der Ostsee den Meeresboden beobachten?

(Sie) steigen in eine Tauchglocke ein.

Frage: Wer oder was steigt in eine Tauchglocke ein?

(Eine Tauchfahrt) dauert etwa 40 Minuten.

Frage: Wer oder was dauert etwa 40 Minuten?

Das Subjekt (Satzgegenstand) erfragst du mit **Wer oder Was?** Es muss zur Personalform des Prädikats passen.

1 Verbinde alle Teile des Prädikats mit einer Klammer.

Tobi hat alle Rätsel gelöst.

Marie wird am Wochenende ihre Freundin besuchen.

Du darfst das Geschenk noch nicht öffnen.

Wir sind zu einer einsamen Insel geschwommen.

2 Ergänze den fehlenden Vorbaustein. Schreibe das Verb in der Grundform auf.

Wir stehen morgen nicht so spät auf . → aufstehen

Halte dich am Geländer fest . → festhalten

Meine Freundin holt mich vom Bus ab . → abholen

Der Sportunterricht fällt morgen aus . → ausfallen

Maja liest ihrer kleinen Schwester vor . → vorlesen

Das Prädikat kann aus einem Verb oder mehreren Verben bestehen. Bei manchen Verben rückt der Vorbaustein ans Satzende.

3 Welche Sätze brauchen unbedingt ein Objekt? Kreuze sie an und schreibe ein passendes Objekt auf.

X	Ich besuche	meine Oma .
	Niklas hustet	.
X	Paula umarmt	ihren Bruder .
	Die Blume blüht	.
X	Opa Hans sucht	seine Brille .
X	Mein Vater repariert	mein Fahrrad .

(mögliche Lösung)

4 Welche Satzglieder kannst du weglassen? Streiche sie durch.

Die Sonne | scheint | ~~hell~~.

Bauer Hubert | füttert | ~~jeden Morgen~~ | die Gänse.

Die Verkäuferin | gibt | Anton | ein Brötchen.

Das Telefon | klingelt | ~~laut~~.

Das Baby | schreit.

Das Objekt (Satzergänzung) ist ein Satzglied. Oft ist es notwendig, weil Subjekt und Prädikat noch keinen vollständigen Satz ergeben. Das Objekt ergänzt weitere Informationen.

5 **Frage nach dem Akkusativobjekt. Markiere es.**

Martha beobachtet einen schwarzen Raben.

Frage: Wen oder was beobachtet Martha?

Familie Müller schmückt den Tannenbaum.

Frage: Wen oder was schmückt Familie Müller?

Der Hamster frisst eine Gurkenscheibe.

Frage: Wen oder was frisst der Hamster?

6 **Bilde lustige Sätze. Unterstreiche das Dativobjekt.**

Der Hund	vertraut	dem Arzt.
Der Patient	hilft	den Gästen.
Der Vater	dankt	seinem Herrchen.
Das Geburtstagskind	gehorcht	seinem Sohn.

Der Hund hilft dem Arzt.

Der Patient gehorcht seinem Herrchen.

Das Geburtstagskind dankt den Gästen.

Der Vater vertraut seinem Sohn. (mögliche Lösungen)

Das Akkusativobjekt ist eine Ergänzung im Akkusativ (4. Fall). Du erfragst es mit **Wen oder Was?**. Das Dativobjekt ist eine Ergänzung im Dativ (3. Fall). Du erfragst es mit **Wem?**.

7 **Trage die richtige Nummer ein und rechne die Zahlen zusammen: 1 = Ortsangabe 2 = Zeitangabe**

Moritz spielt im Garten Fußball.	1
Ich muss bis Mittwoch auf mein Geschenk warten.	2
Montags geht Mia zum Ballettunterricht.	2
Leg das Buch bitte auf den Tisch!	1
Nach dem Mittagessen gehen wir spazieren.	2
	= 8

8 **Ergänze die Sätze mit passenden Orts- und Zeitangaben.**

Ich wohne in Leipzig. → Ortsangabe

Nachmittags mache ich meine Hausaufgaben. → Zeitangabe

Ich gehe um 9 Uhr schlafen. → Zeitangabe

Mein Ranzen steht im Flur. → Ortsangabe

(mögliche Lösung)

Orts- und Zeitangaben beschreiben die näheren Umstände des Geschehens. Du erfragst sie z. B. mit **Wo? Wohin? Wann? Wie lange?**

1 **Bilde aus den Wörtern einen Satz. Unterstreiche das Prädikat.**

großen ich am esse Nachmittag einen Schokoladeneisbecher

Ich esse am Nachmittag einen großen Schokoladeneisbecher

Küchentisch der steht bunte auf Blumenstrauß dem

Der bunte Blumenstrauß steht auf dem Küchentisch

Lieblingsitaliener Pizza bei wir freitags bestellen unserem eine

Freitags bestellen wir eine Pizza bei unserem Lieblingsitaliener

(mögliche Lösung)

2 **Welche Sätze sind richtig? Kreuze an.**

Der laute Hahn weckt jeden Morgen den müden Bauern Fritz.	X
Laute weckt der Hahn den Morgen jeden müden Bauern Fritz.	
Jeden Morgen weckt der laute Hahn den müden Bauern Fritz.	X
Fritz weckt jeden Morgen der laute Hahn den müden Bauern.	
Den müden Bauern Fritz weckt der laute Hahn jeden Morgen.	X

Finde eine weitere richtige Satzstellung und schreibe sie auf.

Der laute Hahn weckt den müden Bauern Fritz jeden Morgen.
Den müden Bauern Fritz weckt jeden Morgen der laute Hahn.

3 **Antworte auf die Fragen. Markiere das Prädikat rot und das Subjekt blau.**

Wie heißt dein Lieblingsfilm?

Mein Lieblingsfilm heißt „König der Löwen"

Wann hast du Geburtstag?

Ich habe am 4. Oktober Geburtstag

Welches Gericht schmeckt dir überhaupt nicht?

Mir schmeckt Möhrensuppe überhaupt nicht

Welches Unterrichtsfach interessiert dich am meisten?

Musik interessiert mich am meisten

(mögliche Lösung)

4 **Unterstreiche das Prädikat. Aus wie vielen Teilen besteht es? Schreibe das Lösungswort auf.**

	1	2
Esst nicht so viel Schokolade.	P	G
Morgen werden wir ein neues Sofa kaufen.	R	A
Nimmst du schnell die Wäsche ab?	U	D
Gestern hat Paula ihren Schlüssel verloren.	F	D
Der Polizist stoppt das Auto.	E	A
Finns Hund läuft ständig weg.	K	L
Vorhin hörte ich einen lauten Knall.	N	I

Lösungswort: p a d d e l n

→ S. 66

5 Bilde Aussagesätze und unterstreiche das Prädikat.
Mögliche Lösungen:
Mara und Pascal packen nachmittags ihren Koffer aus.
Heute ziehe ich meine neuen Handschuhe an.
Der schwarze Rabe baut in unserem Garten sein Nest.

6 Finde den Weg zum Zwerg, indem du den Sätzen mit einem Akkusativobjekt folgst. Markiere alle Akkusativobjekte.
Start:
Die Hexe lockt die Kinder ins Pfefferkuchenhaus.
Frau Holle schüttelt die Betten.
Rotkäppchen besucht ihre Oma.
Der Prinz küsst die Prinzessin.
Rumpelstilzchen holt das Kind.
Gretel rettet Hänsel.
Rapunzel kämmt ihr Haar.

→ S. 67

7 Löse die Bilderrätsel. Kreuze an, ob das Wort ein Subjekt oder ein Akkusativobjekt ist.
Nudelsalat – Akkusativobjekt
Eichhörnchen – Subjekt
Goldfische – Subjekt
Sonnenbrand – Akkusativobjekt

→ S. 68

8 Ergänze die Dativobjekte.
Das Fieberthermometer gehört dem Arzt. / Das Körbchen gehört dem Hund. / Der Rasenmäher gehört dem Gärtner.

9 Schreibe die Namen der Katzen auf und male sie richtig an. Wie heißen die markierten Satzglieder?
links: Cleo, Mitte- Tiger, rechts: Minka
Zeitangabe – Akkusativobjekt – Subjekt – Akkusativobjekt – Ortsangabe – Dativobjekt – Subjekt

→ S. 69

10 Wo liegt das Geschenk?
Das Geschenk liegt auf dem Tisch. / Das Geschenk liegt neben dem Tisch. / Das Geschenk liegt unter dem Tisch.

11 Ergänze die fehlenden Informationen sinnvoll.
(mögliche Lösung)
Der Affe sitzt jeden Morgen auf der Palme. / Luis schenkt seiner Schwester eine Kette. / Der Hund bringt seinem Frauchen ein Stöckchen. / Der Briefträger gibt dem Opa eine Zeitung. / Anna geht morgen ins Kino.

→ S. 70

1 Schreibe Aussagesätze. Jeder Buchstabe des Autokennzeichens ist der Anfang eines Wortes. Markiere das Subjekt.
(mögliche Lösung)
Kamel Rudi singt Lieder. / Bär Ingo malt rote Tauben. / Hannes angelt dunkle Fische. / Nina Gunte läuft einen Marathon.

2 Unterstreiche die Zeitangaben und verbessere sie.
(mögliche Lösung)
gestern → morgen / Am 24.12. → Am 01.01. /
Um 14 Uhr → Um 12 Uhr / übermorgen → gestern

→ S. 71

3 Was gehört zusammen? Verbinde.
Fledermaus Willy – Subjekt, sucht – Prädikat, seit gestern – Zeitangabe, ein neues Versteck – Akkusativobjekt
Ich – Subjekt, helfe – Prädikat, dir – Dativobjekt, morgen – Zeitangabe
Manni Maulwurf – Subjekt, buddelt – Prädikat, seinen Hügel – Akkusativobjekt, neben dem Sandkasten – Ortsangabe

4 Markiere das richtige Kästchen. Schreibe das Lösungswort auf.
DO – S – AO – AO – DO → Lösungswort: Fuchs

→ S. 72

1 Antworte auf die Fragen.
Oma Lise liest ein Buch vor.
Das Buch liegt auf dem Tisch.
Die Verkäuferin hält ein Brötchen in der Zange.

2 Würfle für jeden Satz ein Verb und schreibe es im Singular richtig auf.
(eigene Lösung) Beispiel:
Umarm(e) den Käse! / Kauf(e) den Keks!
Versteck(e) die Blumen! / Such(e) den Schatz!
Gieß(e) die Wolke! / Iss das Schulbuch!

→ S. 73

3 Formuliere mit den Wörtern einen Aussagesatz und einen Fragesatz.
Gehst du am Wochenende ins Kino? / Du gehst gern ins Kino.
Trinkt Ben gern Apfelsaft? / Ben trinkt gern Apfelsaft.

4 Setze die richtigen Satzschlusszeichen ein.
. / . / ! / ! / ? / . / ? / ? / . / !

→ S. 74

1 Welches Bindewort fehlt? Schreibe es auf.
und – oder – oder – und – oder – und

2 Was gehört zusammen?
Wir wollen an den See radeln, aber mein Reifen ist platt.
Das Buch ist teuer, aber ich kaufe es trotzdem.
Das Baby schreit, denn es hat Hunger.
Steffi liegt im Bett, denn sie hat Fieber.
Ich habe meine Tante angerufen, aber sie war nicht zu Hause.
Eric ist glücklich, denn heute ist hitzefrei.

→ S. 75

3 Vervollständige die Sätze.
(mögliche Lösung)
Meine Mutter rührt den Kuchenteig, während ich Äpfel schäle.
Es ist kalt, obwohl die Sonne scheint.
Olli ist müde, weil er den ganzen Nachmittag Fahrrad gefahren ist.

4 Verbinde die beiden Sätze mit dem angegebenen Bindewort. Achte auf das Komma vor dem Bindewort.
Mika trinkt ein Glas Kirschsaft, weil er durstig ist.
Nils muss in die Schule, obwohl er Geburtstag hat.
Sally isst einen Apfel, während sie mit ihrer Cousine telefoniert.

→ S. 76

1 Welches Satzzeichen fehlt?
. / ? / ? / ! / !
1 + 2 + 2 + 3 + 3 = 11

2 Vervollständige die Sätze sinnvoll.
(mögliche Lösung)
Conny singt, weil sie das Lied mag. / ... obwohl sie nicht singen kann. / ... während sie ihre Hausaufgaben erledigt.
Ich lerne, denn ich will meine Note verbessern. / ... aber ich habe keine Lust.
Jonas lacht, denn er hat gute Laune. / ... obwohl er traurig ist. / ... während er einen Witz erzählt.

→ S. 77

3 Setze die Bindewörter richtig ein.
denn – während – aber – oder – und – und

4 Vor welchen Bindewörtern steht ein Komma? Trage es ein.
(...) Sie hören eine Katze miauen, während sie ihre Räder anschließen. „Ich kann sie nicht sehen, aber sie muss ganz nah sein", sagt Polly. (...) „Am besten holen wir den Hausmeister, denn der Baum ist ganz schön hoch." (...) Das Katzenabenteuer hat sich schnell herumgesprochen, weil mittlerweile der Schulhof mit Schülern und Lehrern gefüllt ist. Alle applaudieren, als der Hausmeister die Katze sicher auf den Boden setzt.

→ S. 78

1 Schreibe sinnvolle Sätze.
(mögliche Lösung)
Laras Schuhe sind nass, denn sie ist eine Pfütze getreten.
Mein Hund bellt, weil er eine Katze sieht.
Der Kuchen ist verbrannt, obwohl ich das Rezept eingehalten habe.
Meine Katze kratzt an der Tür, aber sie muss draußen bleiben.
Oma strickt Socken, während sie einen Film schaut.

2 Wie lautet der Satz mit dem Bindewort denn? Schreibe ihn auf.
Ich ziehe eine Jacke an, denn es ist kalt.
Pia ist meine beste Freundin, denn sie kann gut zuhören.

→ S. 79

3 Markiere alle zehn Bindewörter.
obwohl, aber, und, und, weil, und, und, während, oder, und

→ S. 80

1 Bestimme den Fall der unterstrichenen Nomen. Verbinde dann unten die angegebenen Punkte.

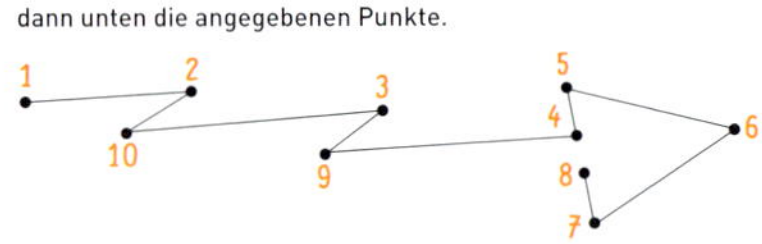

→ S. 81

1 Setze passende Personalpronomen und besitzanzeigende Fürwörter in die Lücken ein.
Weihnachten mit meiner Familie war ziemlich chaotisch. Die Vorbereitungen begannen schon am 23.12., denn wir schmückten gemeinsam den Weihnachtsbaum. „Ihr müsst auf die Katze aufpassen, sie ist ins Wohnzimmer gerannt!", rief meine Mutter aufgeregt. Schnell versuchte ich, Milli zu schnappen, aber sie war schneller und hüpfte auf unseren Baum. Krachend fiel er zu Boden und alle Weihnachtskugeln waren zerbrochen. „Nächstes Jahr hängen wir den Baum an die Decke oder sperren ihn mit einem großen Zaun ab", schimpfte Vater, als er losstapfte, um Schaufel und Besen zu holen.

2 Ist das unterstrichene Wort ein Personalpronomen (PP) oder ein besitzanzeigendes Fürwort (BF)? Kreuze an.

	PP	BF
Pia und ihre Freundin spielen Tennis.		x
Pia gibt ihr einen Tipp.	x	
Tennisspielen macht ihnen Spaß.	x	
Morgen kommen sie wieder.	x	

→ S. 82

1 Beschreibe die Bilder, indem du Wortgruppen aus Nomen und Adjektiv bildest.
Mögliche Lösungen:
Hexe: spitze Nase, langer Besen, braunes Kopftuch
Clown: rote Nase, große Schuhe, gepunktete Hose

2 Male die Adjektive richtig an: steigerbare Adjektive grün und nicht steigerbare Adjektive blau.
fertig teuer satt viel sportlich rund falsch faul scharf

→ S. 83

1 Schreibe den Satz in allen Zeitformen auf. Lies die Sätze dann fehlerfrei vor.
Futur: Fischers Fritz wird frische Fische fischen.
Präteritum: Fischers Fritz fischte frische Fische.
Perfekt: Fischers Fritz hat frische Fische gefischt.

2 In welcher Zeitform steht der Satz?
- Seesterne haben kein Gehirn.
- Irgendwann werden wir nur noch elektronische Haustiere besitzen.
- Manche Dinosaurier hatten Federn.
- Laika ist die erste Hündin im Weltall gewesen.

→ S. 84

1 Ergänze die Tabelle.
Mögliche Lösungen:

Wortstamm	– zahl –	– schmutz –	– freund –
Adjektiv	zahlreich	schmutzig	freundlich
Nomen	Zahl	Schmutz	Freundschaft
Verb	bezahlen	beschmutzen	befreunden

2 Markiere alle elf zusammengesetzten Nomen im Text.
Handywecker Badezimmer Zahnbürste Waschlappen Haltestelle Fahrkarte Küchentisch Busfahrer Banknachbarn Deutschbuch Schultag
Zusammengesetzt aus Verb und Nomen (oben markiert): 4

→ S. 85

1 Bilde drei Sätze und trage sie richtig in die Tabelle ein.

Subjekt	Prädikat	Akkusativobjekt	Dativobjekt
Der Polizist	sucht	den Dieb.	–
Der Hund	holt	das Stöckchen.	–
Der Verlierer	gratuliert	–	dem Gewinner.

2 Welches Satzglied ist gesucht? Kreuze an.
Zeitangabe: [x] jeden Mittwoch
Subjekt: [x] ein Saurierskelett
Dativobjekt: [x] Peter

→ S. 86

3 Baue mit den Satzgliedern Sätze wie vorgegeben.

Der Junge	füttert	den braunen Hund.	
Subjekt	Prädikat	Akkusativobjekt	
Einen Blumenstrauß	schenkt	Paula	ihrer Mutter
Akkusativobjekt	Prädikat	Subjekt	Dativobjekt

4 Markiere in der Postkarte die fünf Zeitangaben blau und die vier Ortsangaben grün.
... ich sende dir viele liebe Urlaubsgrüße aus Südtirol. Gestern hat es den ganzen Tag geregnet. Deshalb waren wir im Schwimmbad. Heute sind wir gewandert und haben in einer Berghütte Käsespätzle gegessen. In zwei Tagen fahren wir nach Hause. Dann zeige ich dir alle Fotos.

→ S. 87

1 Verknüpfe die Sätze mit dem passenden Bindewort.
Die Fernbedienung funktioniert nicht, obwohl die Batterien neu sind.
Wir haben das Spiel verloren, weil Tom den Elfmeter verschossen hat.
Das Gewitter begann, als ich auf dem Fahrrad saß.

2 Verbinde und setze vor das Bindewort ein Komma.
Heute Abend essen wir Popcorn, weil wir einen Film schauen.
Moritz ist glücklich, denn er fährt in den Urlaub.
Elias putzt die Zähne, nachdem er Kuchen gegessen hat.
Martha spielt kein Basketball, aber sie kennt die Regeln.

7 Vervollständige die Tabelle.

Grundform	Perfekt	Präteritum	Präsens	Futur
gewinnen	er hat gewonnen			er wird
			ich schleiche	
		wir klingelten		

8 Male die Kästchen richtig aus: Vergangenheit rot, Gegenwart gelb und Zukunft grün.

ich sprang | er winkt | du wirst siegen

wir werden segeln | sie haben gezeichnet

sie ist hingefallen | ihr rennt | es stürmte

9 Welche Zeitform passt zu welchem Satz? Verbinde.

Wir flogen mit einem Hubschrauber.	Perfekt
Wir werden mit einem Hubschrauber fliegen.	Präsens
Wir sind mit einem Hubschrauber geflogen.	Futur
Wir fliegen mit einem Hubschrauber.	Präteritum

1 Vervollständige die Postkarte. Setze die Verben in die richtige Zeitform.

Liebe Großeltern,

ich ________ euch viele liebe Urlaubsgrüße aus dem Allgäu (senden). Heute __________ es den ganzen Tag (regnen), aber gestern __________ wir bei Sonnenschein die Stadt Kempten ___________ (erkunden). Dort ______ ich das weltbeste Eis ___________ (essen). Morgen __________ wir mit der Seilbahn auf einen Berg __________ (fahren). Ich ___________ euch (vermissen) und ________ mich (freuen), euch bald wiederzusehen.

Eure Luisa

Familie
Peter Seefeld
Klabauterstraße 15
99999 Meerstadt

2 Vervollständige die Tabelle zu sein.

	er	sie	du
Präsens	er ist		
Präteritum		sie waren	
Perfekt	er ist gewesen		
Futur			du wirst sein

3 Schreibe die Verbformen der Fantasiewörter richtig auf.

Die Fee lielskt im Zauberwald. (Präsens, lielsken)

Der Affe ______ im Urwald ______________ . (Futur, schrupsen)

Du ________________ auf der Rodelbahn. (Präsens, krulmen)

Ihr _______ in den Ferien ________________ . (Futur, praggsen)

Überlege dir selbst zwei Verben, die es nicht gibt. Formuliere einen Satz im Präsens und einen im Futur.

______________________________ . (Präsens, ____________)

________________________________ . (Futur, ____________)

4 Antworte auf die Fragen. Achte auf die Zeitform.

Was wirst du am Wochenende unternehmen?

____

Was hast du gestern zu Mittag gegessen?

____

Welches Unterrichtsfach magst du am liebsten?

____

Welches Buch hast du zuletzt gelesen?

____

Wortbildung

1 Welche drei Wörter haben denselben Wortstamm? Verbinde sie und markiere den Wortstamm.

Wohnung	(du) malst	wohnlich
nachsprechen	bewohnen	ausruhen
Ruhe	Versprechung	Maler
anmalen	(ich) suche	unaussprechlich
Besuch	ruhig	Untersuchung

2 Wie sind die Wörter aufgebaut? Zeichne die Symbole über die Wortbausteine.

◁ Vorbaustein ▭ Wortstamm ▷ Nachbaustein

Frech | heit Ent | fern | ung

Tapfer | keit un | geduld | ig

Vor und nach dem Wortstamm kann ein weiterer Wortbaustein stehen: Vorbaustein (Vorsilbe) und Nachbaustein (Nachsilbe). Wörter, die so gebildet werden, heißen Ableitungen.

3 **Bilde zusammengesetzte Nomen.
Markiere das Bestimmungswort.**

 +  = ______________________

 +  = ______________________

 +  = ______________________

4 **Markiere das Grundwort und erkläre das zusammengesetzte Adjektiv.**

kreidebleich: so bleich wie Kreide

spiegelglatt: ______________________

messerscharf: ______________________

mausgrau: ______________________

kugelrund: ______________________

staubtrocken: ______________________

1 **Aus welchen Wörtern setzt sich das Nomen zusammen? Schreibe sie mit bestimmtem Artikel auf.**

____ Fensterrahmen	
____ Fenster	____ Rahmen

____ Polizeiauto	

____ Autoscheibe	

____ Brotmesser	

2 **Was versteckt sich in den zusammengesetzten Adjektiven? Male aus: Nomen + Adjektiv, Verb + Adjektiv, Adjektiv + Adjektiv.**

kuschelweich · feuerrot · zuckersüß · steinalt · herzensgut · bärenstark · hellwach · waschecht · dunkelrot · bettelarm

Das Grundwort bestimmt die Wortart und das Genus (Geschlecht). Manchmal werden in der Mitte Buchstaben hinzugefügt oder weggelassen.

3 **Durch welchen Nachbaustein wird das Adjektiv zum Nomen? Male die Felder passend an und schreibe die Nomen richtig auf.**

reich, ehrlich, klug, heiter, wild, möglich, traurig, krank, schön, fröhlich, zuverlässig, frech, finster

-keit, -heit, -nis, -keit, -keit, -heit, -tum, -heit, -keit, -keit, -nis, -heit, -keit

die Krankheit, ______________________________

____

____

1 **Trenne die Wörter mit Strichen ab. Ordne sie nach ihrem Wortstamm und schreibe sie richtig auf.**

EINNEHMENAUFNAHMEMITNEHMENANGENEHMTEILNAHMEVORNEHMENBENEHMENAUSNAHMEFESTNAHME

nehm

nahm

2 **Welche Verben stimmen nicht? Streiche sie durch und schreibe sie mit dem richtigen Vorbaustein auf.**

Wenn du den Zauberwald zersuchst, musst du einige Regeln

überachten: Entlasse niemals den Weg. Entstöre keine

magischen Pflanzen. Umtraue keinem Kobold. Wenn du einer

Hexe etwas bezählst, solltest du ihr nicht zu viel von dir wegraten.

Hat sie dich erst zerhext, kannst du ihr nicht mehr verkommen.

3 **Welcher Vorbaustein passt zu allen Verben? Schreibe ihn in die Blütenmitte. Finde ein weiteres Beispiel.**

an- be- zu- ver-

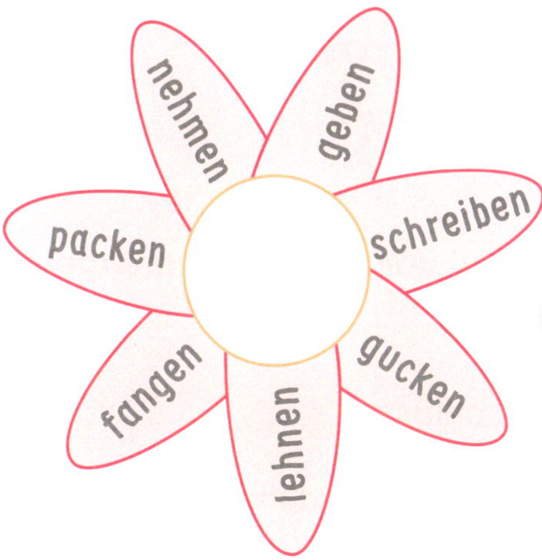

4 **Welcher Beruf ist gesucht? Schreibe ihn auf und markiere den Nachbaustein.**

Ich backe Brötchen und Brot. Ich bin ein ______________.

Ich verkaufe Autos. Ich bin ein ______________.

Ich fahre einen Bus. Ich bin ein ______________.

Ich trage Briefe aus. Ich bin ein ______________.

Welchen Nachbaustein haben alle Berufe gemeinsam? ______

5 Bilde mit dem Wortstamm ein passendes Nomen.

trag Meine Eltern unterschreiben einen ____________ .

fühl In der Geisterbahn hatte ich ein komisches ____________ .

fehl Das Herrchen gibt seinem Hund einen ____________ .

6 Schreibe den bestimmten Artikel vor das zusammengesetzte Nomen.

_____ Gartentür _____ Türschlüssel

_____ Schlüsselblume _____ Blumenduft

_____ Duftstoff _____ Stoffhose

_____ Hostentasche _____ Taschengeld

_____ ____________ _____ ____________

Setze die Reihe fort: Finde noch zwei zusammengesetzte Nomen.

7 Welcher Buchstabe gehört nicht in die Mitte? Streiche ihn durch.

Hundekörbchen Segelnboot Zitronensaft

Wartenzimmer Rosenkohl

Fahrenbahn Rennenauto Bienenhonig

8 **Welche zusammengesetzten Nomen brauchen ein -s- und welche ein -es- in der Mitte? Verbinde.**

Geburt		Blitz
Advent	s	Kalender
Geist		Tag
Tag	es	Rand
Weg		Brief
Liebe		Zeit

9 **Vervollständige die Zutatenliste für einen Zaubertrank. Nutze das Wortmaterial für zusammengesetzte Nomen.**

Schlange	Blut	Gift	Schleim	Schlamm
Geier	Spinne	Haar	Kürbis	Frosch
Schnecke	Ohr	Feder	Ratte	Zahn
Popel	Haut	Spinat	Wurst	Brühe

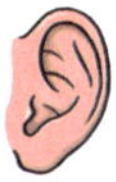

3 Fingernägel	2 Flaschen ____________
100 Gramm ____________	3 Gramm ____________
1 Kilo ____________	eine Packung ____________
2 Liter ____________	____________
4 ____________	____________

Wortbildung

1 **Bilde zusammengesetzte Nomen aus je drei Wörtern. Schreibe sie mit bestimmtem Artikel auf.**

Fuß	Ticket	Trainer
Haus	Ball	Schlüssel
Zug	Tür	Preis
Zahn	Bett	Stuhl
Winter	Arzt	Decke

der Fußballtrainer, ______

______

2 **Wie stellst du dir die zusammengesetzten Nomen vor? Unterstreiche das Grundwort und erkläre.**

Bärenhose: eine Hose für Bären

Büchervase: ______

Blumenbrille : ______

Apfeltür: ______

Nudelstuhl: ______

Denke dir selbst zwei lustige zusammengesetzte Nomen aus und erkläre ihre Bedeutung.

______ : ______

______ : ______

3 Wie könnten die Sätze anschaulicher werden? Finde für die markierten Wörter zusammengesetzte Adjektive.

Im Zoo haben wir einen weißen Polarfuchs gesehen.

Weil Tim schlecht geschlafen hat, ist er müde.

Mein neues Fahrrad ist grün.

Im Winterurlaub war es kalt.

4 Ergänze die fehlenden Wörter und markiere den Wortstamm.

Nomen	Adjektiv	Gegenteil
Freund		unfreundlich
	glücklich	
Sport		
Geduld		
		unvernünftig
	gefährlich	

Die Bausteine eines Satzes

1 **Was ist das Prädikat im Satz? Male das Kästchen aus.**

Der Zauberer		die Bühne.		
	er	heute	einen neuen Trick?	
Plötzlich		er	über dem Boden.	
Ob	er	mir	den Trick	

2 **Stelle den Satz vier Mal um.**

Klara	fährt	morgen	mit Theo	nach München.
	fährt			
	fährt			
	fährt			
	fährt			

Das Prädikat zeigt an, was geschieht. Die Satzglieder ergänzen das Prädikat. Ein Satzglied besteht aus einem Wort oder einer Wortgruppe. Du kannst es im Satz verschieben.

3 Wie viele Satzglieder gibt es außer dem Prädikat? Trenne sie mit Strichen voneinander ab und verbinde den Satz mit der richtigen Zahl.

Auf dem Meeresgrund <u>leben</u> viele verschiedene Tiere. 3

Forscher <u>finden</u> bei ihren Tauchgängen neue Arten. 2

Er <u>fotografiert</u> die Tintenfische sofort mit seiner Kamera. 1

Sie <u>flüchten</u>. 4

4 Frage nach dem Subjekt. Kreise es ein.

An der Ostsee können Urlauber den Meeresboden beobachten.

Frage: ______________________________

____

Sie steigen in eine Tauchglocke ein.

Frage: ______________________________

Eine Tauchfahrt dauert etwa 40 Minuten.

Frage: ______________________________

Das Subjekt (Satzgegenstand) erfragst du mit **Wer oder Was?**. Es muss zur Personalform des Prädikats passen.

1 Verbinde alle Teile des Prädikats mit einer Klammer.

Tobi hat alle Rätsel gelöst.

Marie wird am Wochenende ihre Freundin besuchen.

Du darfst das Geschenk noch nicht öffnen.

Wir sind zu einer einsamen Insel geschwommen.

2 Ergänze den fehlenden Vorbaustein. Schreibe das Verb in der Grundform auf.

Wir stehen morgen nicht so spät auf . → aufstehen

Halte dich am Geländer ______ . → ______________

Meine Freundin holt mich vom Bus ______ . → ______________

Der Sportunterricht fällt morgen ______ . → ______________

Maja liest ihrer kleinen Schwester ______ . → ______________

Das Prädikat kann aus einem Verb oder mehreren Verben bestehen. Bei manchen Verben rückt der Vorbaustein ans Satzende.

3 **Welche Sätze brauchen unbedingt ein Objekt?
Kreuze sie an und schreibe ein passendes Objekt auf.**

X	Ich besuche	meine Oma .
	Niklas hustet	.
	Paula umarmt	.
	Die Blume blüht	.
	Opa Hans sucht	.
	Mein Vater repariert	.

4 **Welche Satzglieder kannst du weglassen?
Streiche sie durch.**

Die Sonne | scheint | ~~hell~~.

Bauer Hubert | füttert | jeden Morgen | die Gänse.

Die Verkäuferin | gibt | Anton | ein Brötchen.

Das Telefon | klingelt | laut.

Das Baby | schreit.

Das Objekt (Satzergänzung) ist ein Satzglied. Oft ist es notwendig, weil Subjekt und Prädikat noch keinen vollständigen Satz ergeben. Das Objekt ergänzt weitere Informationen.

5 Frage nach dem Akkusativobjekt. Markiere es.

Martha beobachtet einen schwarzen Raben.

Frage: Wen oder was beobachtet Martha?

Familie Müller schmückt den Tannenbaum.

Frage: ______

Der Hamster frisst eine Gurkenscheibe.

Frage: ______

6 Bilde lustige Sätze. Unterstreiche das Dativobjekt.

Der Hund	vertraut	dem Arzt.
Der Patient	hilft	den Gästen.
Der Vater	dankt	seinem Herrchen.
Das Geburtstagskind	gehorcht	seinem Sohn.

______

______

______

______

Das Akkusativobjekt ist eine Ergänzung im Akkusativ (4. Fall). Du erfragst es mit **Wen oder Was?**. Das Dativobjekt ist eine Ergänzung im Dativ (3. Fall). Du erfragst es mit **Wem?**.

7 **Trage die richtige Nummer ein und rechne die Zahlen zusammen: 1 = Ortsangabe 2 = Zeitangabe**

Moritz spielt im Garten Fußball. ☐

Ich muss bis Mittwoch auf mein Geschenk warten. ☐

Montags geht Mia zum Ballettunterricht. ☐

Leg das Buch bitte auf den Tisch! ☐

Nach dem Mittagessen gehen wir spazieren. ☐

= 8

8 **Ergänze die Sätze mit passenden Orts- und Zeitangaben.**

Ich wohne ____________ . → Ortsangabe

____________ mache ich meine Hausaufgaben.

→ ____________

Ich gehe ____________ schlafen. → ____________

Mein Ranzen steht ____________ . → ____________

Orts- und Zeitangaben beschreiben die näheren Umstände des Geschehens. Du erfragst sie z. B. mit **Wo? Wohin? Wann? Wie lange?**.

Die Bausteine eines Satzes

1 Bilde aus den Wörtern einen Satz. Unterstreiche das Prädikat.

großen ich am esse Nachmittag einen Schokoladeneisbecher

____.

Küchentisch der steht bunte auf Blumenstrauß dem

____.

Lieblingsitaliener Pizza bei wir freitags bestellen unserem eine

____.

2 Welche Sätze sind richtig? Kreuze an.

Der laute Hahn weckt jeden Morgen den müden Bauern Fritz.	X
Laute weckt der Hahn den Morgen jeden müden Bauern Fritz.	
Jeden Morgen weckt der laute Hahn den müden Bauern Fritz.	
Fritz weckt jeden Morgen der laute Hahn den müden Bauern.	
Den müden Bauern Fritz weckt der laute Hahn jeden Morgen.	

Finde eine weitere richtige Satzstellung und schreibe sie auf.

____

3 **Antworte auf die Fragen. Markiere das Prädikat rot und das Subjekt blau.**

Wie heißt dein Lieblingsfilm?

Mein Lieblingsfilm heißt ________________.

Wann hast du Geburtstag?

________________.

Welches Gericht schmeckt dir überhaupt nicht?

________________.

Welches Unterrichtsfach interessiert dich am meisten?

________________.

4 **Unterstreiche das Prädikat. Aus wie vielen Teilen besteht es? Schreibe das Lösungswort auf.**

	1	2
Esst nicht so viel Schokolade.	P	G
Morgen werden wir ein neues Sofa kaufen.	R	A
Nimmst du schnell die Wäsche ab?	U	D
Gestern hat Paula ihren Schlüssel verloren.	F	D
Der Polizist stoppt das Auto.	E	A
Finns Hund läuft ständig weg.	K	L
Vorhin hörte ich einen lauten Knall.	N	I

Lösungswort: __ __ __ __ __ __ __

5 **Bilde Aussagesätze und unterstreiche das Prädikat.**

Mara und Pascal nachmittags auspacken ihren Koffer

____ .

anziehen meine neuen Handschuhe heute ich

____ .

der schwarze Rabe sein Nest bauen in unserem Garten

____ .

6 **Finde den Weg zum Zwerg, indem du den Sätzen mit einem Akkusativobjekt folgst. Markiere alle Akkusativobjekte.**

Start

Die Hexe lockt die Kinder ins Pfefferkuchen-haus.	Frau Holle schüttelt die Betten.	Zwerg Nase redet mit der Gans.	Die Hexe schaut in ihre Glaskugel.
Schneewittchen wohnt im Zwergenhaus.	Rotkäppchen besucht ihre Oma.	Dornröschen schläft 100 Jahre.	Der Jäger gehorcht der bösen Königin.
Die Tauben helfen Aschenbrödel.	Der Prinz küsst die Prinzessin.	Rumpelstilz-chen holt das Kind.	Der Wolf verkleidet sich als Großmutter.
Der König dankt der guten Fee.	Im Schuh ist Blut.	Gretel rettet Hänsel.	Rapunzel kämmt ihr Haar. 

7 Löse die Bilderrätsel. Kreuze an, ob das Wort ein Subjekt oder ein Akkusativobjekt ist.

2 = U
3 = D

☐ Subjekt
______________________ esse ich gern. ☐ Akkusativobjekt

 CH ~~NAS~~ 0 = Ö  CHEN

☐ Subjekt
______________________ lieben Nüsse. ☐ Akkusativobjekt

2 = 0

 1 = F  E

☐ Subjekt
______________ brauchen ein Aquarium. ☐ Akkusativobjekt

 N  H = BR

☐ Subjekt
Leni hat ______________________ . ☐ Akkusativobjekt

8 Ergänze die Dativobjekte.

Das Fieberthermometer gehört _______________ .

Das Körbchen gehört _______________ .

Der Rasenmäher gehört _______________ .

9 Schreibe die Namen der Katzen auf und male sie richtig an. Wie heißen die markierten Satzglieder?

_______________ _______________ _______________

In der Mitte sitzt Tiger. _______________

Cleo hat braunes Fell. _______________

Minka hat braun-schwarz gestreiftes Fell. _______________

Tiger besitzt rötliches Fell. _______________

Neben Tiger sitzt Minka. _______________

Minkas Blick folgt einer Maus. _______________

Cleos Hals schmückt ein rotes Band. _______________

10 Wo liegt das Geschenk? Schreibe eine passende Ortsangabe auf.

Das Geschenk liegt ______________________________ .

Das Geschenk liegt ______________________________ .

Das Geschenk liegt ______________________________ .

11 Ergänze die fehlenden Informationen sinnvoll.

Der Affe sitzt ______________________ ______________________ .
(Zeitangabe) (Ortsangabe)

______________________ schenkt ______________________ eine Kette.
(Subjekt) (Dativobjekt)

Der Hund bringt ______________________ ______________________ .
(Dativobjekt) (Akkusativobjekt)

______________________ gibt dem Opa ______________________ .
(Subjekt) (Akkusativobjekt)

Anna geht ______________________ ______________________ .
(Zeitangabe) (Ortsangabe)

Die Bausteine eines Satzes

1 **Schreibe Aussagesätze. Jeder Buchstabe des Autokennzeichens ist der Anfang eines Wortes. Markiere das Subjekt.**

KR SL — Kamel Rudi singt Lieder.

BIM RT

HA DF

NGL EM

2 **Unterstreiche die Zeitangaben und verbessere sie.**

Ich werde gestern aus dem Urlaub zurückkommen.

Am 24. 12. beginnt ein neues Jahr.

Die Geschäfte sind dienstags meist geschlossen.

Um 14 Uhr ist genau Mittag.

Du hast mir übermorgen sehr geholfen.

3 **Was gehört zusammen? Verbinde.**

Fledermaus Willy | sucht | seit gestern | ein neues Versteck.

Prädikat | Objekt | Zeitangabe | Subjekt

Ich | helfe | dir | morgen.

Prädikat | Objekt | Subjekt | Zeitangabe

Manni Maulwurf | buddelt | seinen Hügel | neben dem Sandkasten.

Subjekt | Objekt | Ortsangabe | Prädikat

4 **Markiere das richtige Kästchen. Schreibe das Lösungswort auf. (S = Subjekt, DO= Dativobjekt, AO = Akkusativobjekt)**

	S	DO	AO
Sara gibt ihrer kleinen Schwester einen Kuss.	B	F	T
Übermorgen beginnen die Osterferien.	U	E	K
Hältst du kurz meinen Rucksack?	A	P	C
Hannes liest eine Abenteuergeschichte.	K	L	H
Malte winkt seiner Oma zu.	O	S	W

Lösungswort: ___ ___ ___ ___ ___

Sätze verbinden

1 Antworte auf die Fragen.

Was macht Oma Lise?

____

Wo liegt das Buch?

____

Was hält die Verkäuferin in der Zange?

____

2 Würfle für jeden Satz ein Verb und schreibe es im Singular richtig auf.

kaufen umarmen suchen verstecken essen gießen

______________ den Käse! ______________ den Keks!

______________ die Blumen! ______________ den Schatz!

______________ die Wolke! ______________ das Schulbuch!

3 **Formuliere mit den Wörtern einen Aussagesatz und einen Fragesatz.**

am gehen Kino Wochenende du ins

Fragesatz: Gehst du ____________________

Aussagesatz: Du ____________________

Apfelsaft trinken Ben gern

Fragesatz: ____________________

Aussagesatz: ____________________

4 **Setze die richtigen Satzschlusszeichen ein.**

Gestern habe ich etwas Verrücktes geträumt ☐
Ich habe meine Arme ausgebreitet und bin losgeflogen ☐
Schau bloß nicht nach unten ☐
Sanft landete ich auf einer Wiese aus Zuckerwatte ☐
Wo bin ich ☐
Überall stehen Schokoladenbäume und Bonbonblumen ☐
Kann mich jemand hören ☐
Darf ich die Süßigkeiten probieren ☐
Der Wecker klingelt ☐
Nick, steh sofort auf ☐

Sätze verbinden

1 Welches Bindewort fehlt? Schreibe es auf.

und oder

Jona ________ Niklas spielen im gleichen Fußballverein.

Trinkst du lieber Kakao ________ Tee?

Jenny fährt mit dem Bus ________ mit dem Fahrrad zur Schule.

Felix holt Brötchen ________ deckt danach den Frühstückstisch.

Kannst du mir helfen ________ hast du keine Zeit?

Ronja schaukelt ________ ihr Bruder testet die Rutsche.

2 Was gehört zusammen? Male die Kästchen in derselben Farbe aus.

Wir wollen an den See radeln,	denn sie hat Fieber.
Das Buch ist teuer,	aber mein Reifen ist platt.
Das Baby schreit,	aber ich kaufe es trotzdem.
Steffi liegt im Bett,	denn es hat Hunger.
Ich habe meine Tante angerufen,	denn heute ist hitzefrei.
Eric ist glücklich,	aber sie war nicht zu Hause.

Und, oder, denn, aber sind Bindewörter. Sie verbinden Wörter, Wortgruppen oder Sätze miteinander. Vor **aber** und **denn** steht ein Komma.

3 Vervollständige die Sätze.

Meine Mutter rührt den Kuchenteig,

während ich ______________________________ .

Es ist kalt, obwohl ______________________________ .

Olli ist müde, weil er den ganzen Nachmittag

______________________________ .

4 Verbinde die beiden Sätze mit dem angegebenen Bindewort. Achte auf das Komma vor dem Bindewort.

Mika trinkt ein Glas Kirschsaft. Er ist durstig.

weil: ______________________________ .

Nils muss in die Schule. Er hat Geburtstag.

obwohl: ______________________________ .

Sally isst einen Apfel. Sie telefoniert mit ihrer Cousine.

während: ______________________________

______________________________ .

Wenn Sätze mit **weil, während, obwohl** verbunden sind, dann rückt die Personalform nach hinten. Vor diesen Bindewörtern steht immer mit Komma.

Sätze verbinden

1 Welches Satzzeichen fehlt? Kreuze an und zähle die Punkte zusammen.

	. (1)	! (2)	? (3)	
Vampire hassen Knoblauch				
Gruselst du dich im Dunkeln				
Wie schmeckt der Zaubertrank				
Hol Feuerholz für das Lagerfeuer				
Messt die Zutaten genau ab				
				= 11

2 Vervollständige die Sätze sinnvoll.

Conny singt, weil sie ______________________________ .

obwohl sie ______________________________ .

während sie ______________________________ .

Ich lerne, denn ich ______________________________ .

aber ich ______________________________ .

Jonas lacht, denn er ______________________________ .

obwohl er ______________________________ .

während er ______________________________ .

3 **Setze die Bindewörter richtig ein.**

während oder und denn und aber

Vater Gerd bringt seinen Sohn Bruno ins Bett, ___________ es ist schon spät. Bruno ist hellwach, ____________________ Gerd langsam die Augen zufallen. Nach einer Weile öffnet die Mutter ganz vorsichtig die Tür, ___________ sie kann im dunklen Zimmer nichts sehen. Sie fragt leise: „Ist er schon eingeschlafen ________ soll ich dich ablösen?“ „Ja, er schläft fest ___________ schnarcht furchtbar laut“, antwortet Bruno ___________ grinst.

4 **Vor welchen Bindewörtern steht ein Komma? Trage es ein.**

Cornelius und Polly holen ihr Fahrrad aus dem Keller. Beide setzen ihren Helm auf und fahren zur Schule. Sie hören eine Katze miauen während sie ihre Räder anschließen. „Ich kann sie nicht sehen aber sie muss ganz nah sein“, sagt Polly. Cornelius zeigt auf den Baum neben der Rutsche: „Willst du hochklettern oder soll ich die Katze retten?“ Polly schüttelt den Kopf: „Am besten holen wir den Hausmeister denn der Baum ist ganz schön hoch.“ Der Hausmeister legt die Leiter an und klettert Schritt für Schritt nach oben. Das Katzenabenteuer hat sich schnell herumgesprochen weil mittlerweile der ganze Schulhof mit Schülern und Lehrern gefüllt ist. Alle applaudieren als der Hausmeister die Katze sicher auf den Boden setzt.

1 Schreibe sinnvolle Sätze.

Laras Schuhe sind nass, denn ______________________

____.

Mein Hund bellt, weil ______________________

____.

Der Kuchen ist verbrannt, obwohl ______________________

____.

Meine Katze kratzt an der Tür, aber ______________________

____.

Oma strickt Socken, während ______________________

____.

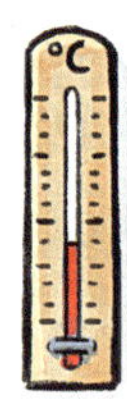

2 Wie lautet der Satz mit dem Bindewort denn? Schreibe ihn auf.

Ich ziehe eine Jacke an, weil es kalt ist.

Ich ziehe eine Jacke an, denn ______________________.

Pia ist meine beste Freundin, weil sie gut zuhören kann.

Pia ist meine beste Freundin, denn ______________________.

3 Markiere alle zehn Bindewörter.

In Schweden heißt Weihnachten „Julfest“, obwohl es gar nicht im Juli stattfindet. Die Weihnachtszeit beginnt am ersten Adventssonntag, aber bereits im November wird alles weihnachtlich geschmückt. Am 13. Dezember wird das „Luciafest“ gefeiert. Die älteste Tochter der Familie zieht ein langes, weißes Kleid an und trägt einen Kranz mit brennenden Kerzen auf dem Kopf. Die Menschen singen gemeinsam Lieder und essen Weihnachtsplätzchen. In der Nacht vor Heiligabend stellen die Schweden eine Schüssel Milchbrei vor die Tür, weil sie den Hauswichteln für ihre Hilfe danken wollen. Der Weihnachtsbaum wird mit Kugeln, Süßigkeiten und dem sogenannten Julbock geschmückt. Das ist ein Ziegenbock, der früher die Kinder und Erwachsenen beschenkt hat. Am 24. Dezember dürfen die Kinder ihre Geschenke auspacken, während meist selbst gedichtete Reime als Dankeschön aufgesagt werden. Den Tag darauf gehen viele Schweden morgens in die Kirche. Danach verbringen sie den Weihnachtstag mit der Familie oder ihren Freunden. Erst am 13. Januar wird die Dekoration weggestellt und der Weihnachtsbaum entsorgt.

Grammatik

1 Nomen

So fragst du nach diesen drei Fällen:
Wer oder was? (Nominativ), **Wem?** (Dativ),
Wen oder was? (Akkusativ).

1 **Bestimme den Fall der unterstrichenen Nomen. Verbinde dann unten die angegebenen Punkte.**

	Nominativ	Akkusativ	Dativ
Am Himmel ziehen dunkle Wolken auf.	2 → 1	1 → 10	1 → 3
Eine Krähe hört gespannt dem Donner zu.	3 → 4	8 → 9	3 → 9
Die Regentropfen prasseln auf die Erde.	5 → 6	10 → 8	7 → 5
Eine Frau spannt schnell ihren Regenschirm auf.	6 → 3	2 → 10	2 → 5
Kinder springen in Pfützen.	1 → 6	9 → 4	5 → 1
Plötzlich leuchten Blitze am Himmel.	6 → 7	2 → 6	1 → 3
Windböen lassen die Blätter tanzen.	7 → 2	10 → 3	8 → 6
Die Straßen sind leer gefegt.	4 → 5	3 → 7	6 → 2
Endlich vertreibt die Sonne das Gewitter.	2 → 9	7 → 8	2 → 3

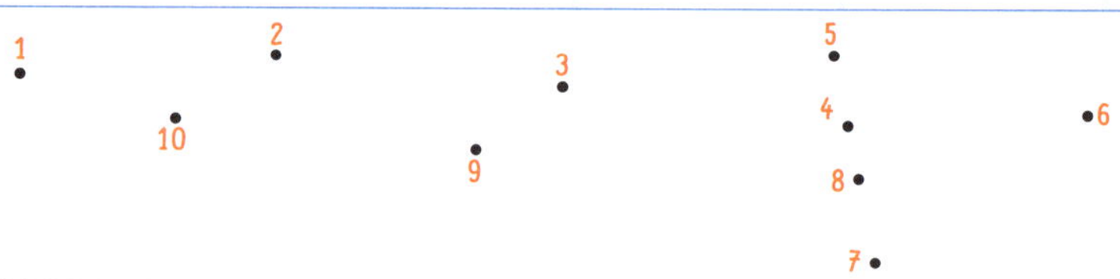

2 Pronomen

1 Setze passende Personalpronomen und besitzanzeigende Fürwörter in die Lücken ein.

Weihnachten mit _ _ _ _ _ _ Familie war ziemlich chaotisch. Die Vorbereitungen begannen schon am 23.12., denn _ _ _ schmückten gemeinsam den Weihnachtsbaum. „ _ _ _ müsst auf die Katze aufpassen, _ _ _ ist ins Wohnzimmer gerannt!“, rief _ _ _ _ _ Mutter aufgeregt. Schnell versuchte _ _ _ , Milli zu schnappen, aber _ _ _ war schneller und hüpfte auf _ _ _ _ _ _ _ Baum. Krachend fiel _ _ zu Boden und alle Weihnachtskugeln waren zerbrochen. „Nächstes Jahr hängen _ _ _ den Baum an die Decke oder sperren _ _ _ mit einem großen Zaun ab“, schimpfte Vater, als _ _ losstapfte, um Schaufel und Besen zu holen.

2 Ist das unterstrichene Wort ein Personalpronomen (PP) oder ein besitzanzeigendes Fürwort (BF)? Kreuze an.

	PP	BF
Pia und <u>ihre</u> Freundin spielen Tennis.		
Pia gibt <u>ihr</u> einen Tipp.		
Tennisspielen macht <u>ihnen</u> Spaß.		
Morgen kommen <u>sie</u> wieder.		

3 Adjektiv

1 **Beschreibe die Bilder, indem du Wortgruppen aus Nomen und Adjektiv bildest.**

spitze Nase

2 **Male die Adjektive richtig an: steigerbare Adjektive grün und nicht steigerbare Adjektive blau.**

teuer satt

sportlich

scharf

viel fertig

faul

rund falsch

4 Verb

1 **Schreibe den Satz in allen Zeitformen auf. Lies die Sätze dann fehlerfrei vor.**

Präsens: Fischers Fritz fischt frische Fische.

Futur: ______

______

Präteritum: ______

Perfekt: ______

2 **In welcher Zeitform steht der Satz? Male den Kreis so aus:**
Präsens: grün **Perfekt: blau** **Präteritum: gelb** **Futur: rot**

- ◯ Seesterne haben kein Gehirn.
- ◯ Irgendwann werden wir nur noch elektronische Haustiere besitzen.
- ◯ Manche Dinosaurier hatten Federn.
- ◯ Laika ist die erste Hündin im Weltall gewesen.

5 Wortbildung

Tipps für mögliche Wörter stehen in Geheimschrift unter der Tabelle.

1 Ergänze die Tabelle.

Wortstamm	– zahl –			
Adjektiv	zahlreich			
Nomen			Verschmutzung	
Verb				befreunden

schmutzig, freundlich, bezahlen, beschmutzen, Zahl, Freundschaft

2 Markiere alle elf zusammengesetzten Nomen im Text.

Heute Morgen war ich spät dran, denn mein Handywecker hat einfach nicht geklingelt. Ich rannte ins Badezimmer, schnappte mir meine Zahnbürste und meinen Waschlappen. Völlig zerzaust kam ich an der Haltestelle an. Oh nein! Vor lauter Hektik hatte ich meine Fahrkarte auf dem Küchentisch liegen gelassen. Zum Glück war der Busfahrer nachsichtig und ließ mich mitfahren. Pünktlich zum Klingeln saß ich neben meinem Banknachbarn und öffnete noch ganz außer Atem das Deutschbuch. Was für ein Start in den Schultag!

Wie viele der zusammengesetzten Nomen sind aus Verb und Nomen gebildet? ☐

6 Die Bausteine eines Satzes

1 **Bilde drei Sätze und trage sie richtig in die Tabelle ein.**

Der Verlierer — Der Polizist — Der Hund

holt — sucht — gratuliert

das Stöckchen. — dem Gewinner. — den Dieb.

Subjekt	Prädikat	Akkusativobjekt	Dativobjekt
		den Dieb.	–

2 **Welches Satzglied ist gesucht? Kreuze an.**

Zeitangabe: Marla geht jeden Mittwoch in den Trampolinpark.

☐ Marla ☐ in den Trampolinpark ☐ jeden Mittwoch

Subjekt: Gestern wurde im Park ein Saurierskelett gefunden.

☐ Gestern ☐ ein Saurierskelett ☐ im Park

Dativobjekt: Peter schmeckt selbst gemachte Pizza am besten.

☐ Peter ☐ selbst gemachte Pizza ☐ am besten

3 Baue mit den Satzgliedern Sätze wie vorgegeben.

ihrer Mutter · Paula · den braunen Hund · schenkt · der Junge · füttert · einen Blumenstrauß

__________ __________ ____________________ .

Subjekt · Prädikat · Akkusativobjekt

____________________ __________ __________

Akkusativobjekt · Prädikat · Subjekt

______________ .

Dativobjekt

4 Markiere in der Postkarte die fünf Zeitangaben blau und die vier Ortsangaben grün.

Hallo Opa,
ich sende dir viele liebe Urlaubsgrüße aus Südtirol. Gestern hat es den ganzen Tag geregnet. Deshalb waren wir im Schwimmbad. Heute sind wir gewandert und haben in einer Berghütte Käsespätzle gegessen. In zwei Tagen fahren wir nach Hause. Dann zeige ich dir alle Fotos.
Dein Adam

Siegfried Sonne

Dorfstraße 16
77770 Seebach

7 Sätze verbinden

1 Verknüpfe die Sätze mit dem passenden Bindewort.

weil **obwohl** **als**

Die Fernbedienung funktioniert nicht. Die Batterien sind neu.

____

____

Wir haben das Spiel verloren. Tom hat den Elfmeter verschossen.

____

____

Das Gewitter begann. Ich saß auf dem Fahrrad.

____

____

2 Verbinde und setze vor das Bindewort ein Komma.

Heute Abend essen wir Popcorn	nachdem	er fährt in den Urlaub.
Moritz ist glücklich	denn	er Kuchen gegessen hat.
Elias putzt die Zähne	aber	sie kennt die Regeln.
Martha spielt kein Basketball	weil	wir einen Film schauen.

Fachbegriffe

Fachbegriff	Erklärung	Beispiel
Nomen	Substantiv	der Hund, die Brille
Artikel	Begleiter – bestimmter Artikel – unbestimmter Artikel	 der, die, das ein, eine, ein
Genus	grammatisches Geschlecht: männlich – weiblich – sächlich	der Löffel – die Gabel – das Messer
Singular	Einzahl	der Baum
Plural	Mehrzahl	die Bäume
Kasus **– Nominativ** **– Genitiv** **– Dativ** **– Akkusativ**	Fall – 1. Fall (Wer oder was?) – 2. Fall (Wessen?) – 3. Fall (Wem?) – 4. Fall (Wen oder was?)	 der Hund des Hundes dem Hund den Hund
Pronomen **– Personalpronomen** **– Possessivpronomen**	Fürwort – persönliches Fürwort – besitzanzeigendes Fürwort	 ich, du, er, wir mein, dein, unser
Adjektiv	Wiewort	schön, freundlich
Verb	Tunwort	lachen, er lacht
Präsens	Gegenwartsform des Verbs	ich tanze
Präteritum	1. Vergangenheitsform des Verbs	ich tanzte
Perfekt	2. Vergangenheitsform des Verbs	ich habe getanzt
Futur	Zukunftsform des Verbs	ich werde tanzen
Wortstamm	der Teil des Wortes, den die Wörter einer Wortfamilie gemeinsam haben	Kaufhaus, verkaufen, sie kauft
Vorbaustein	vorangestellter Wortbaustein, Vorsilbe	ein- → einkaufen
Nachbaustein	nachgestellter Wortbaustein, Nachsilbe	-heit → die Gesundheit
Satzglied	Baustein in einem Satz	
Prädikat	Verbform im Satz, Satzaussage	Der Vogel singt.
Subjekt	Satzgegenstand im 1. Fall	Der Vogel singt.
Objekt **– Dativobjekt** **– Akkusativobjekt**	Satzergänzung – Ergänzung im 3. Fall – Ergänzung im 4. Fall	 Er hilft dem Mann. Sie füttert den Hund.